this
BOOK
belongs to:

____

____

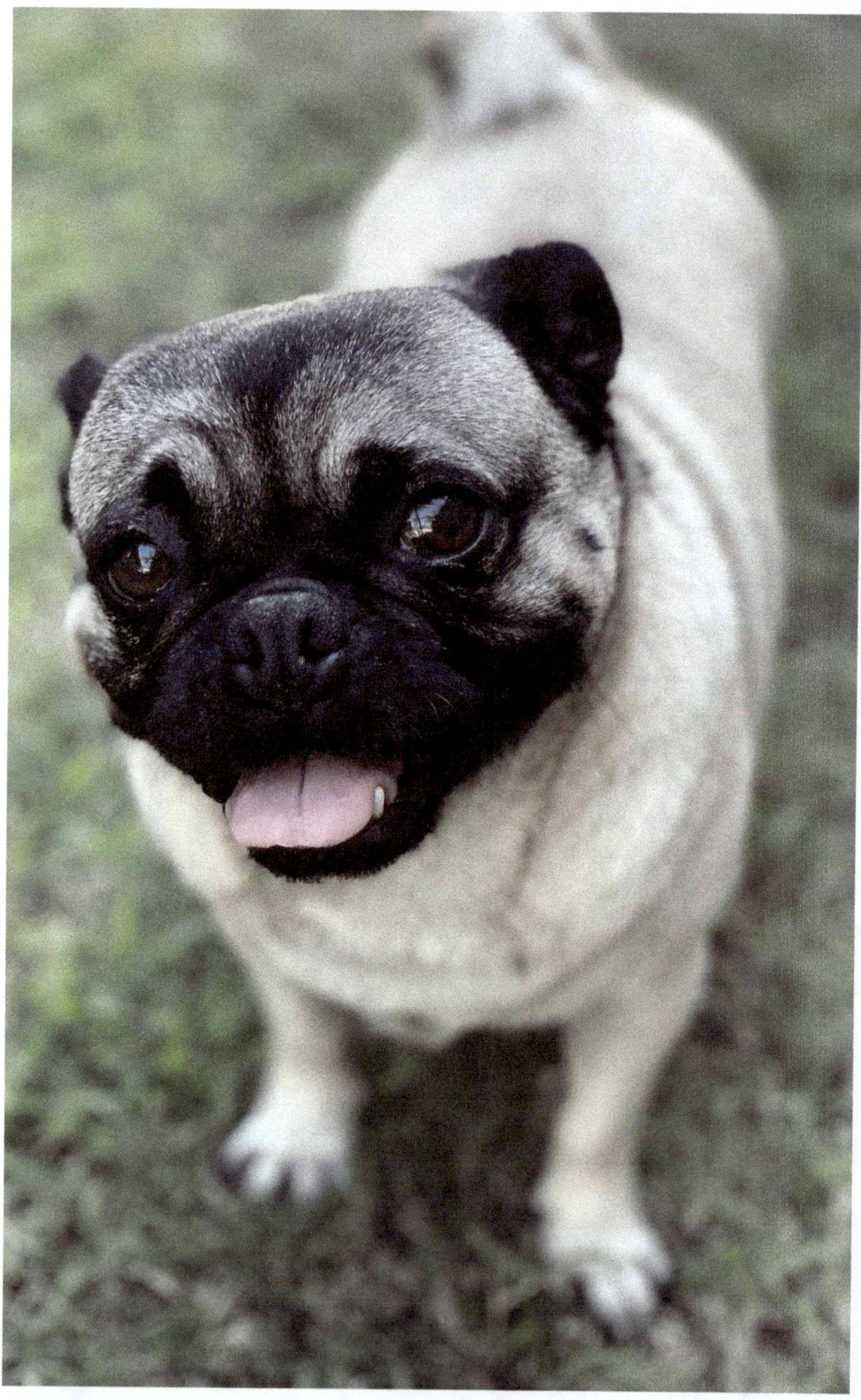

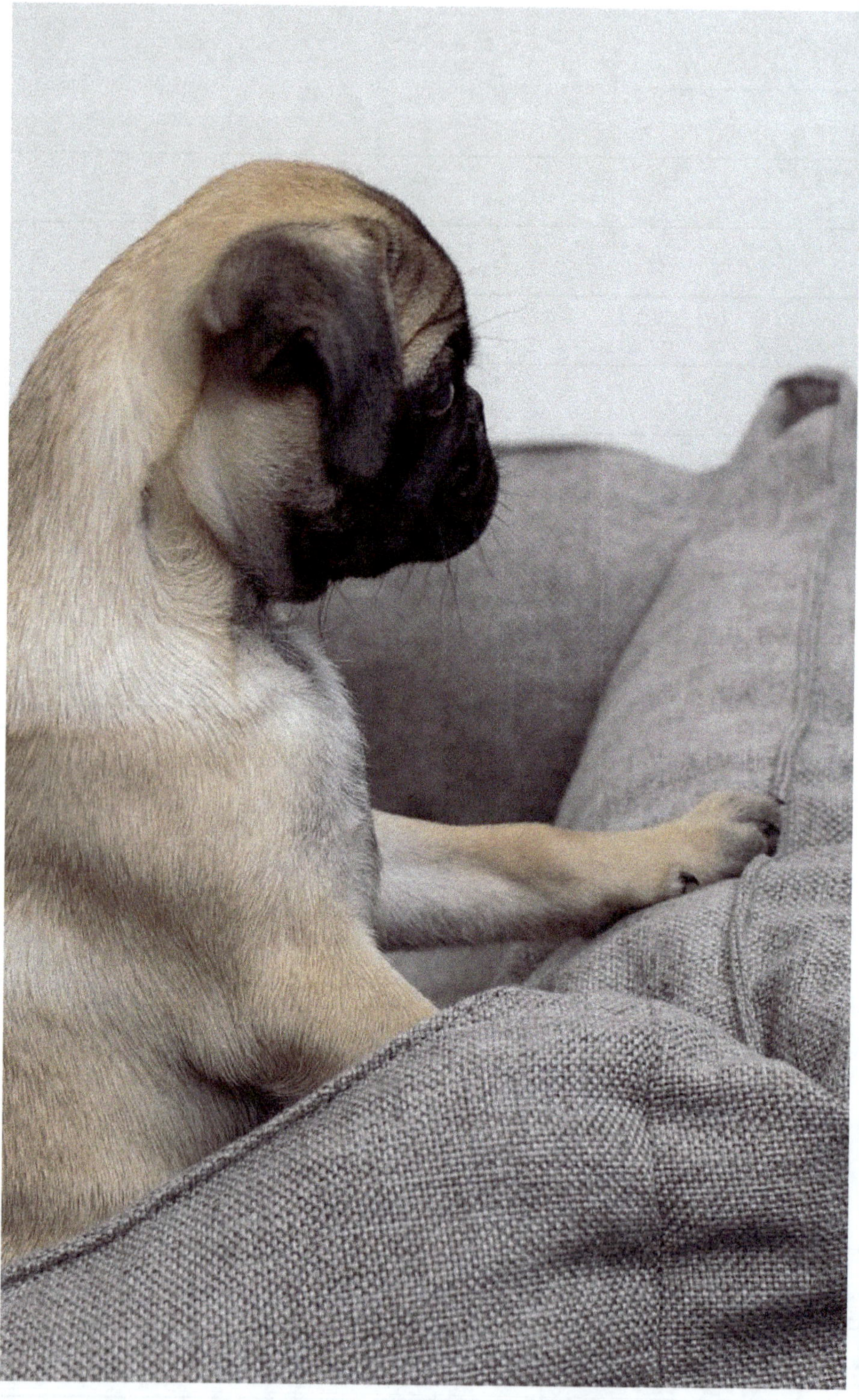

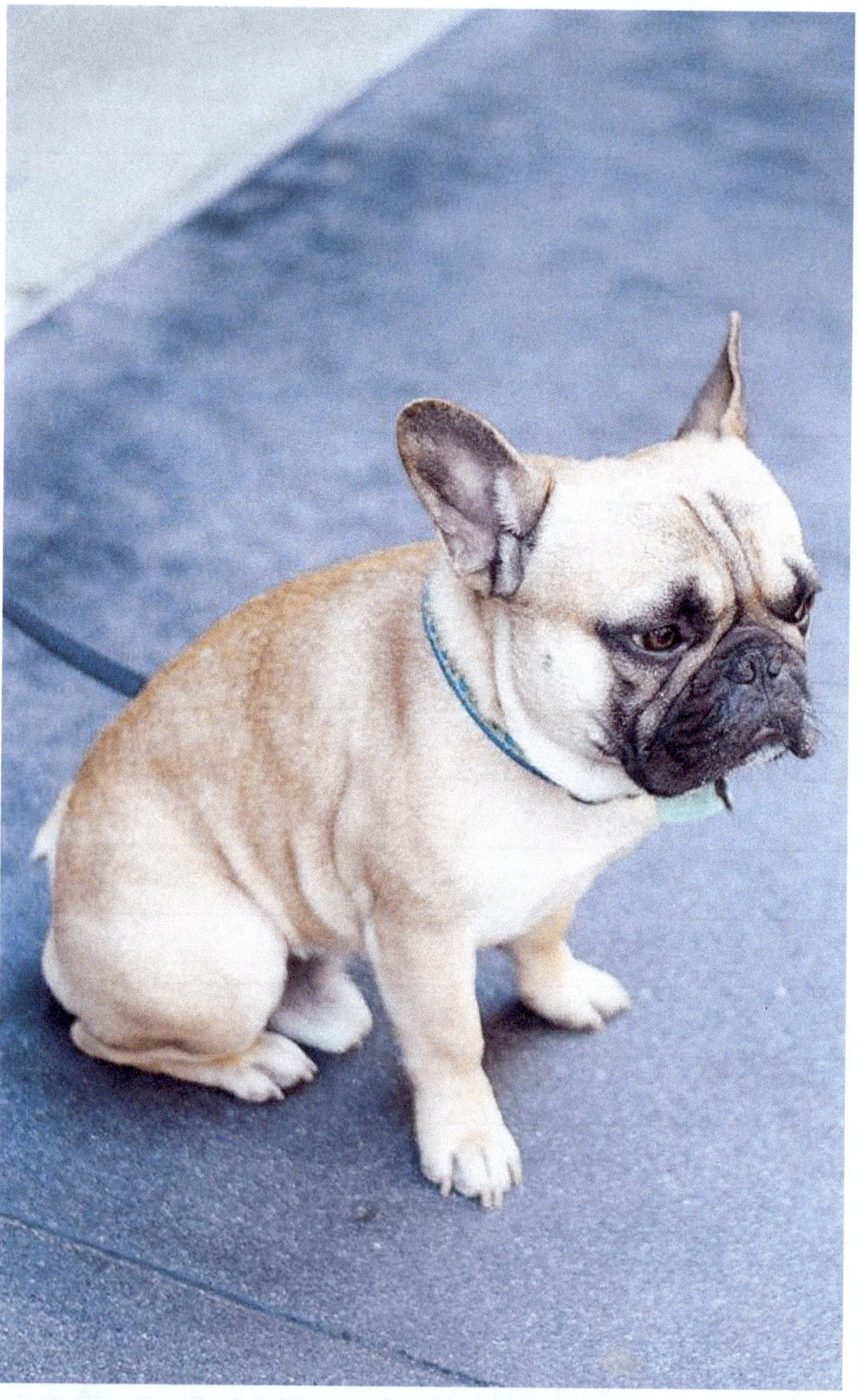

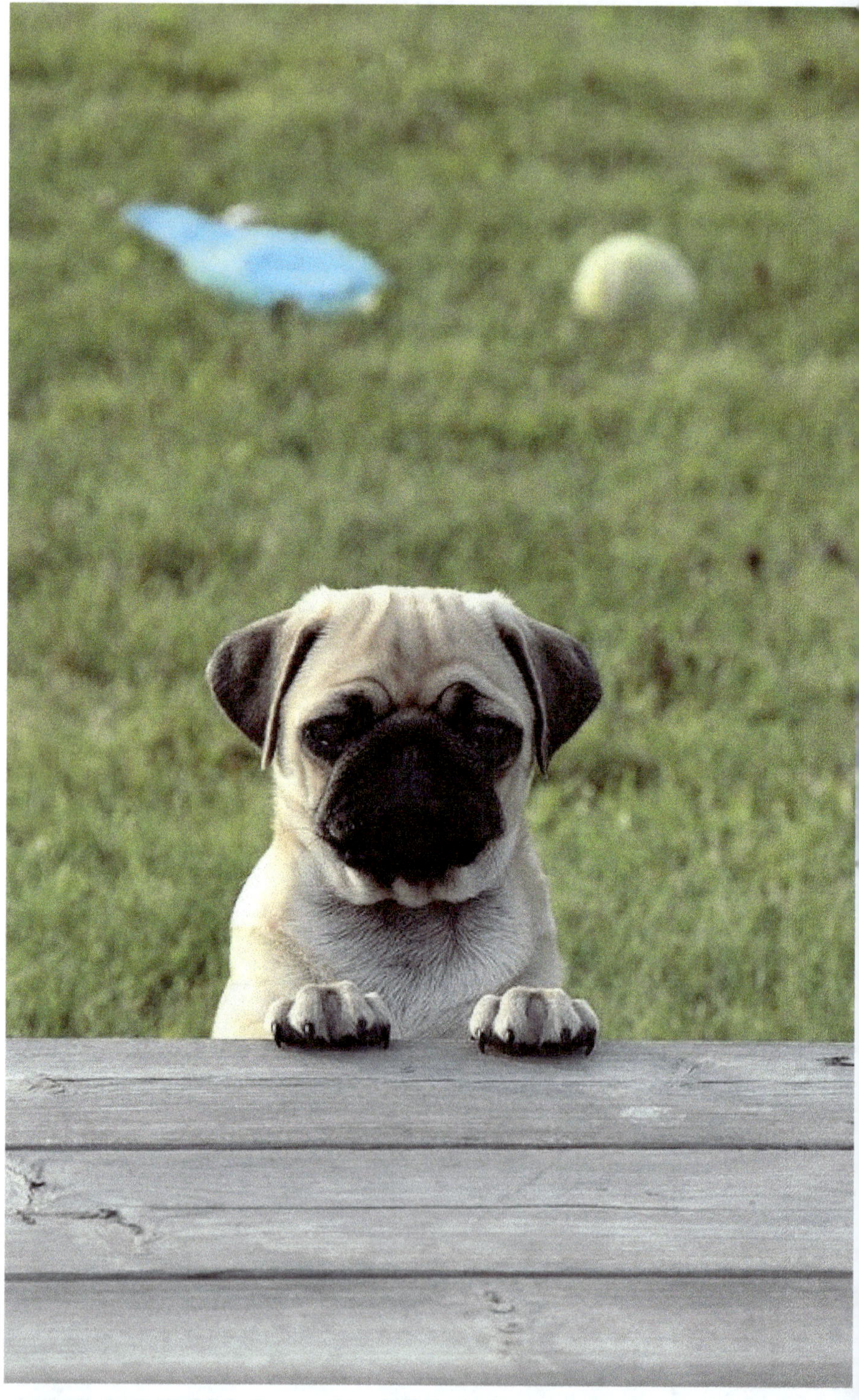

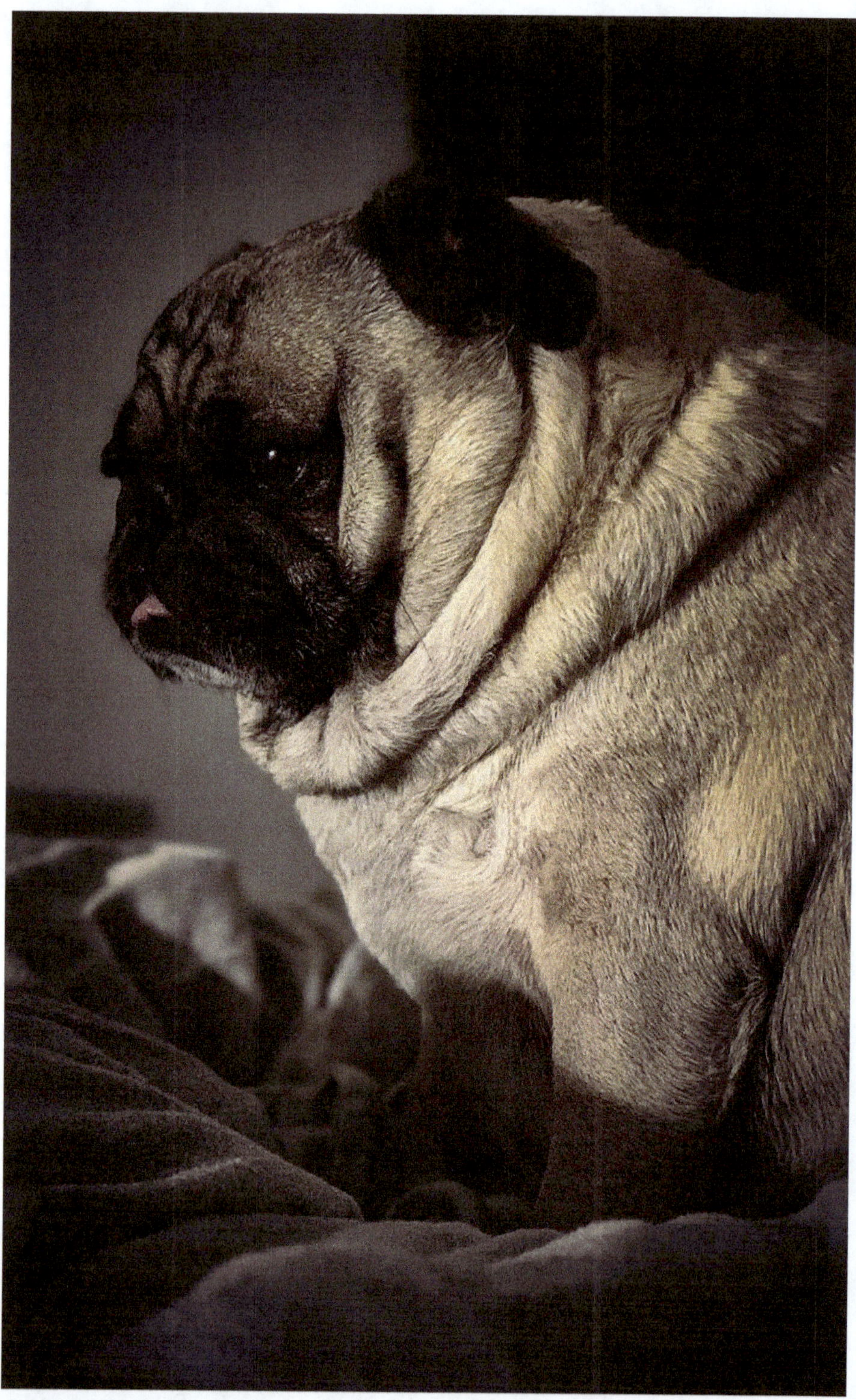

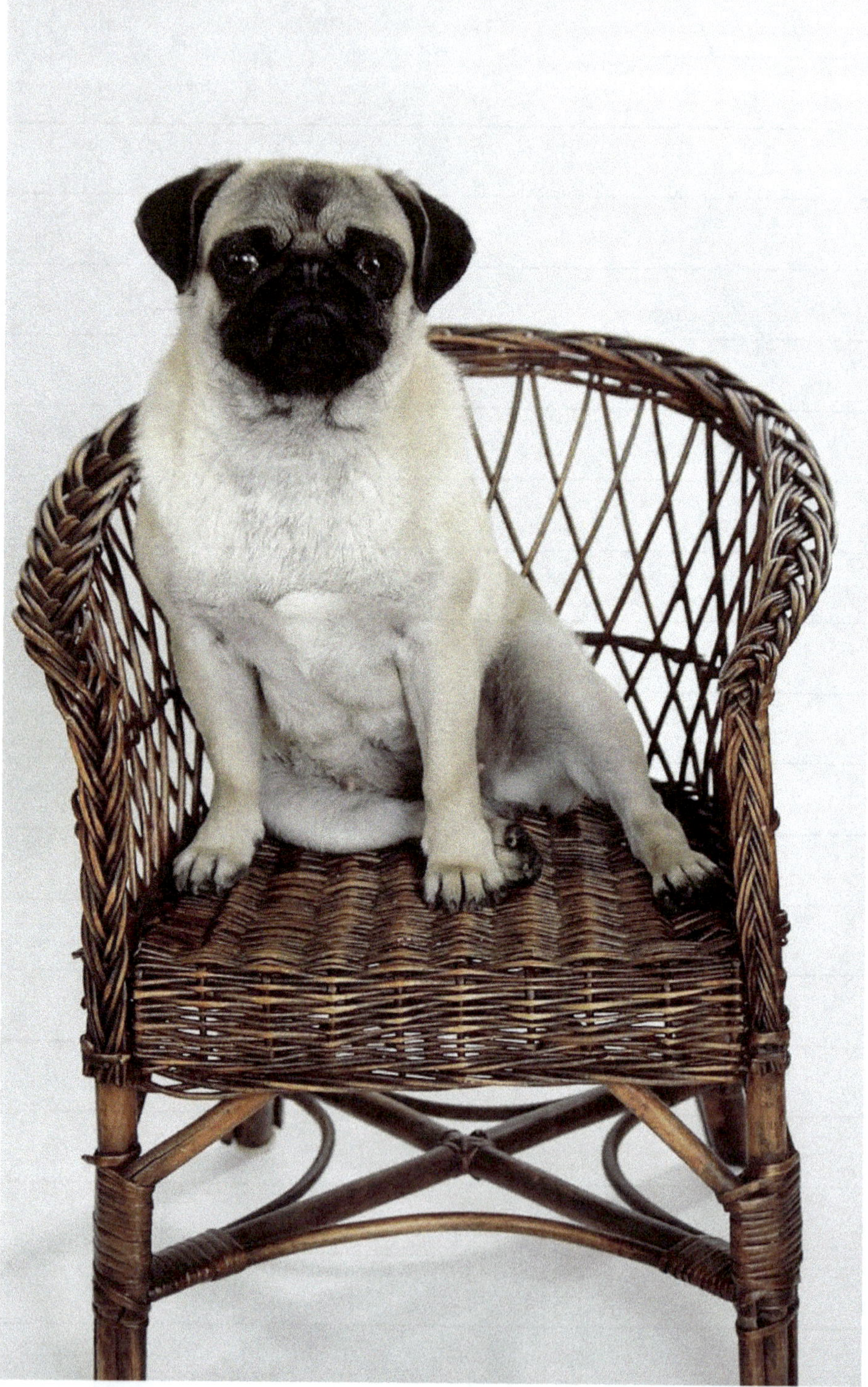

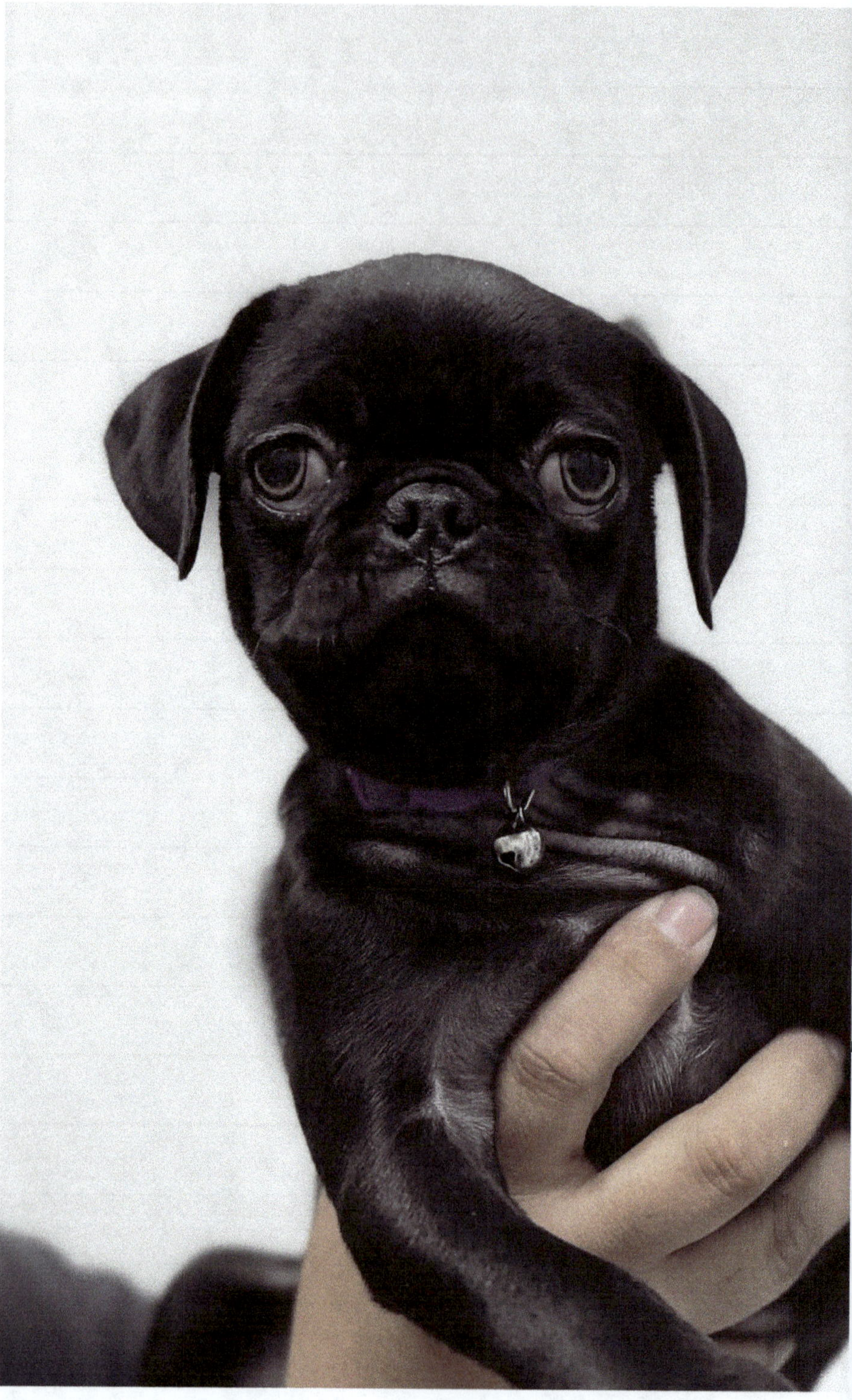

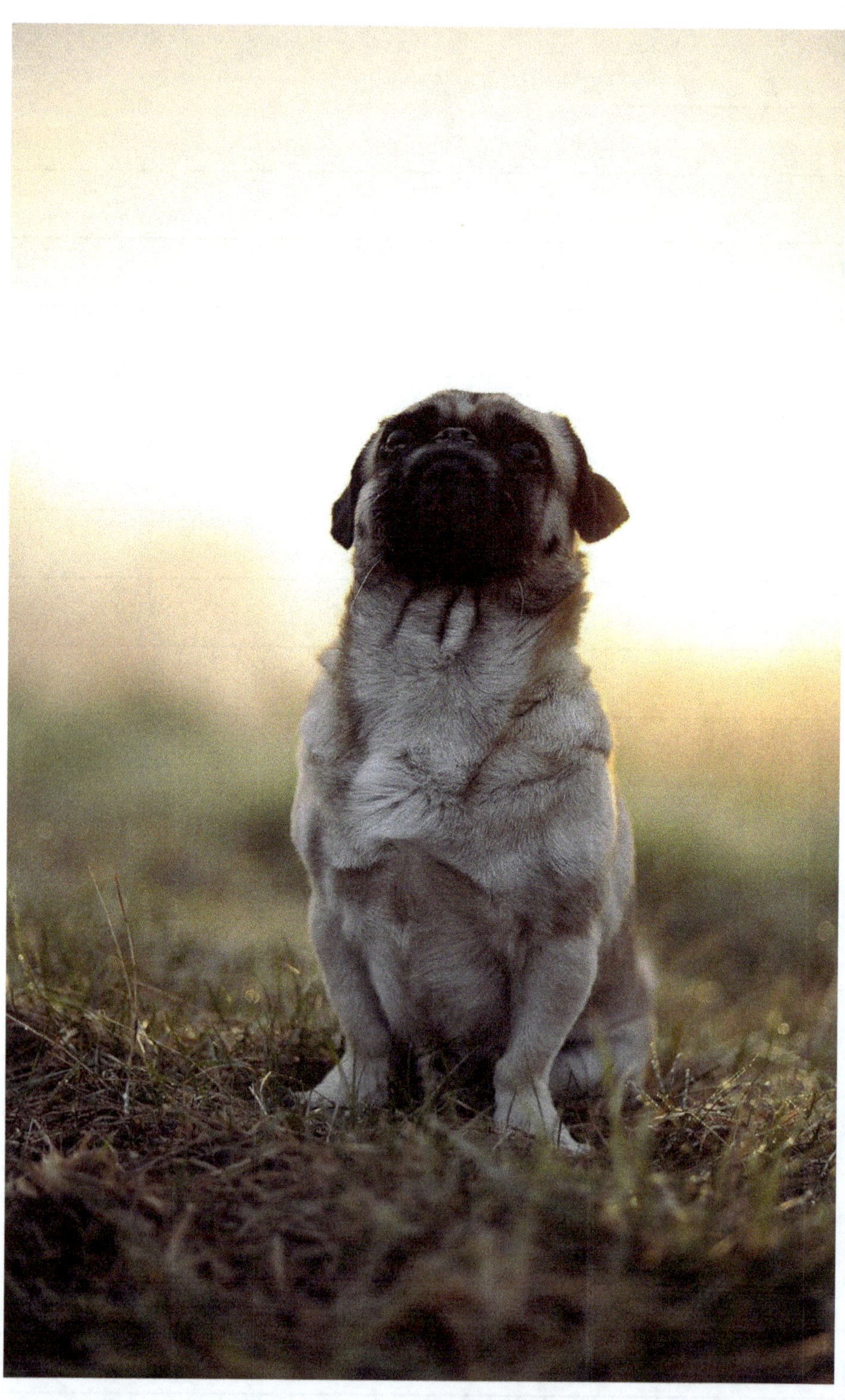

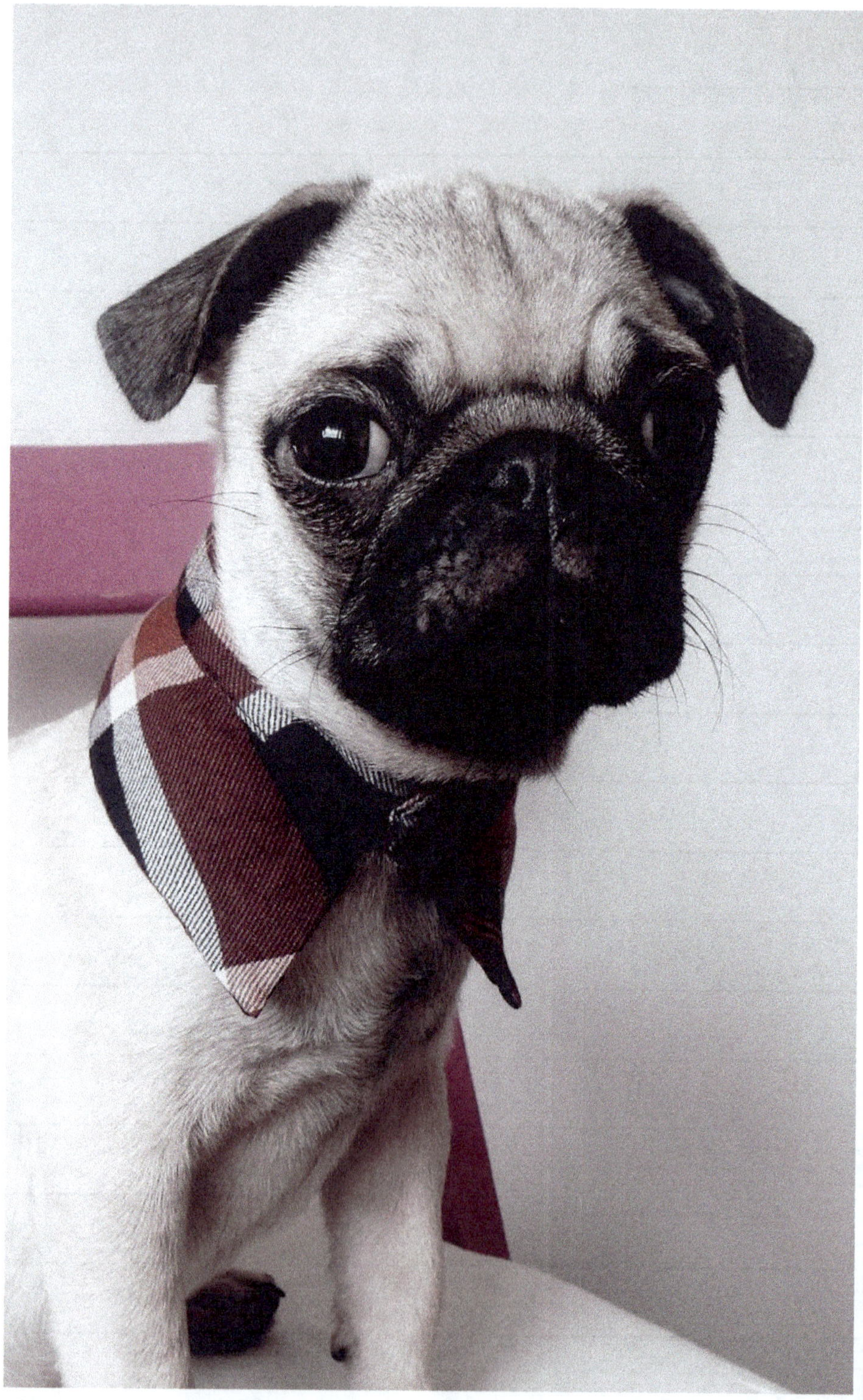

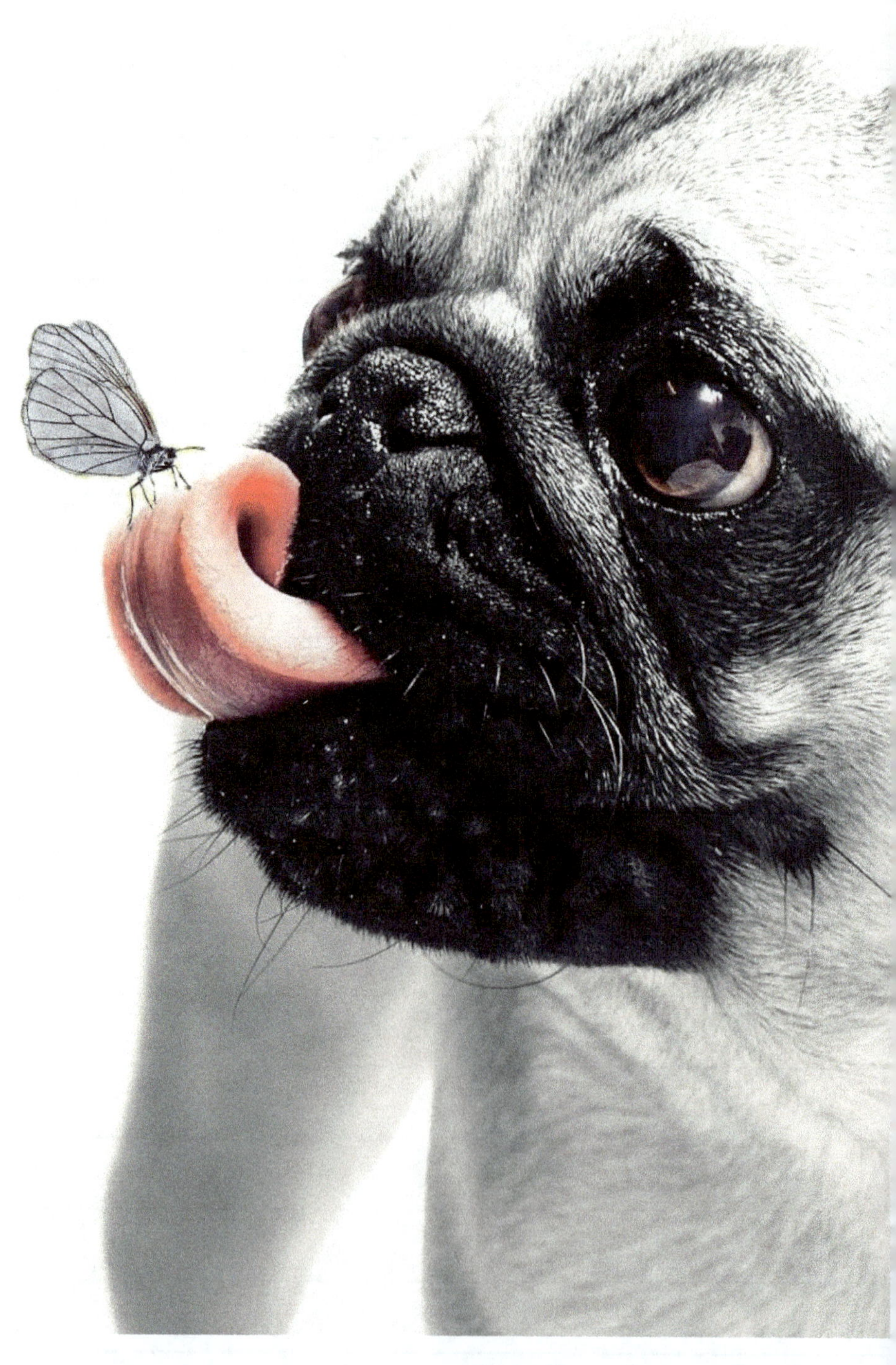

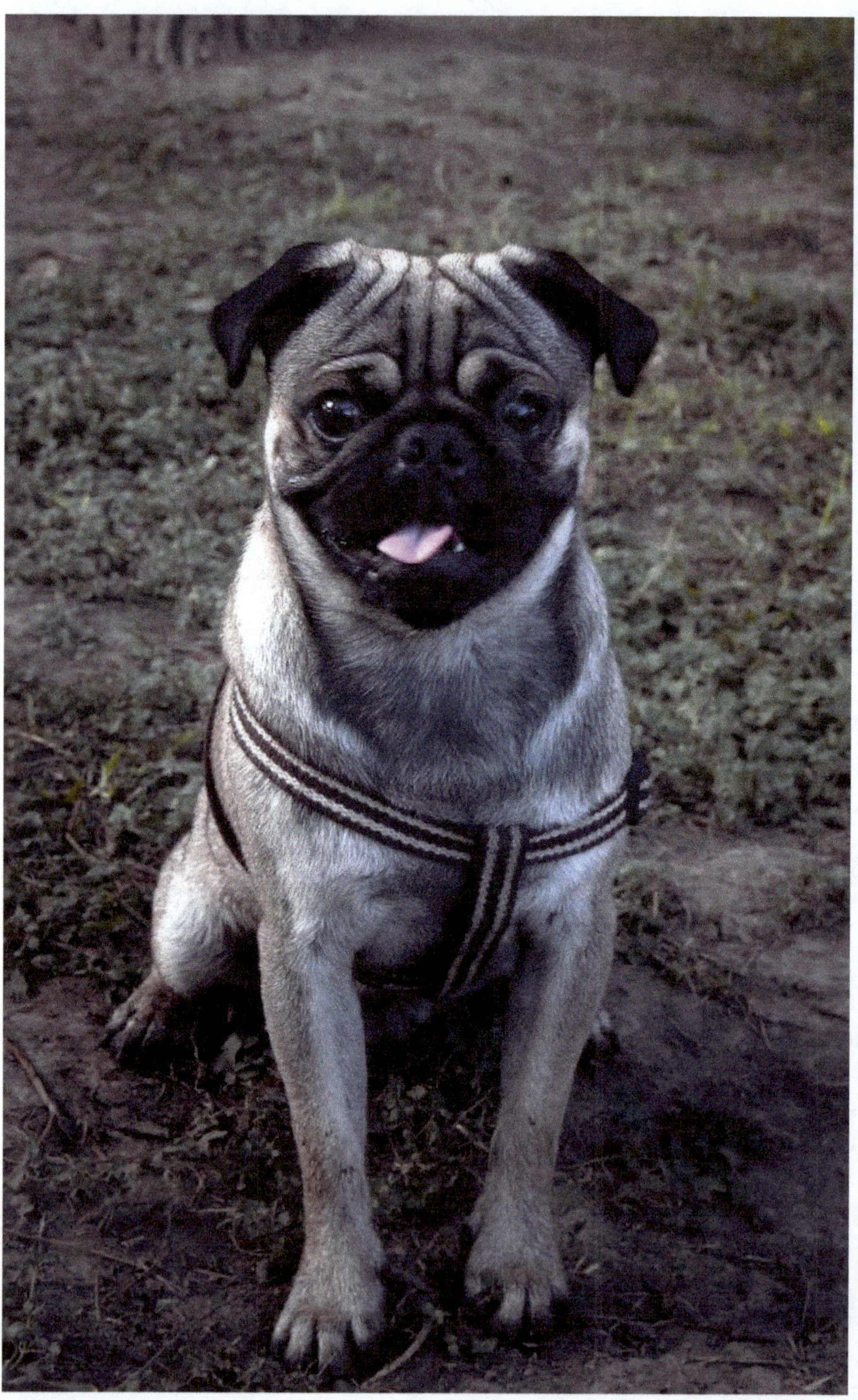

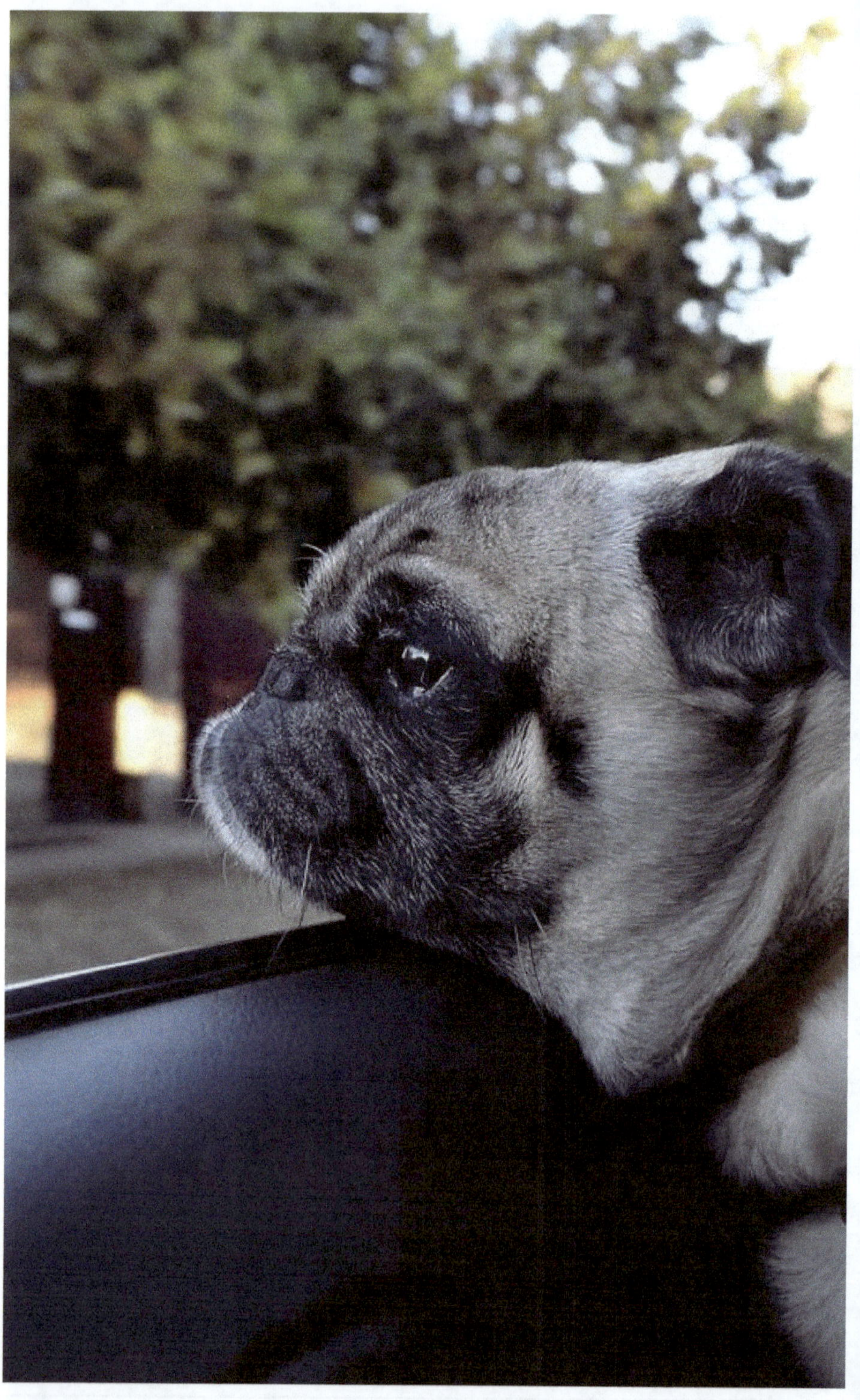

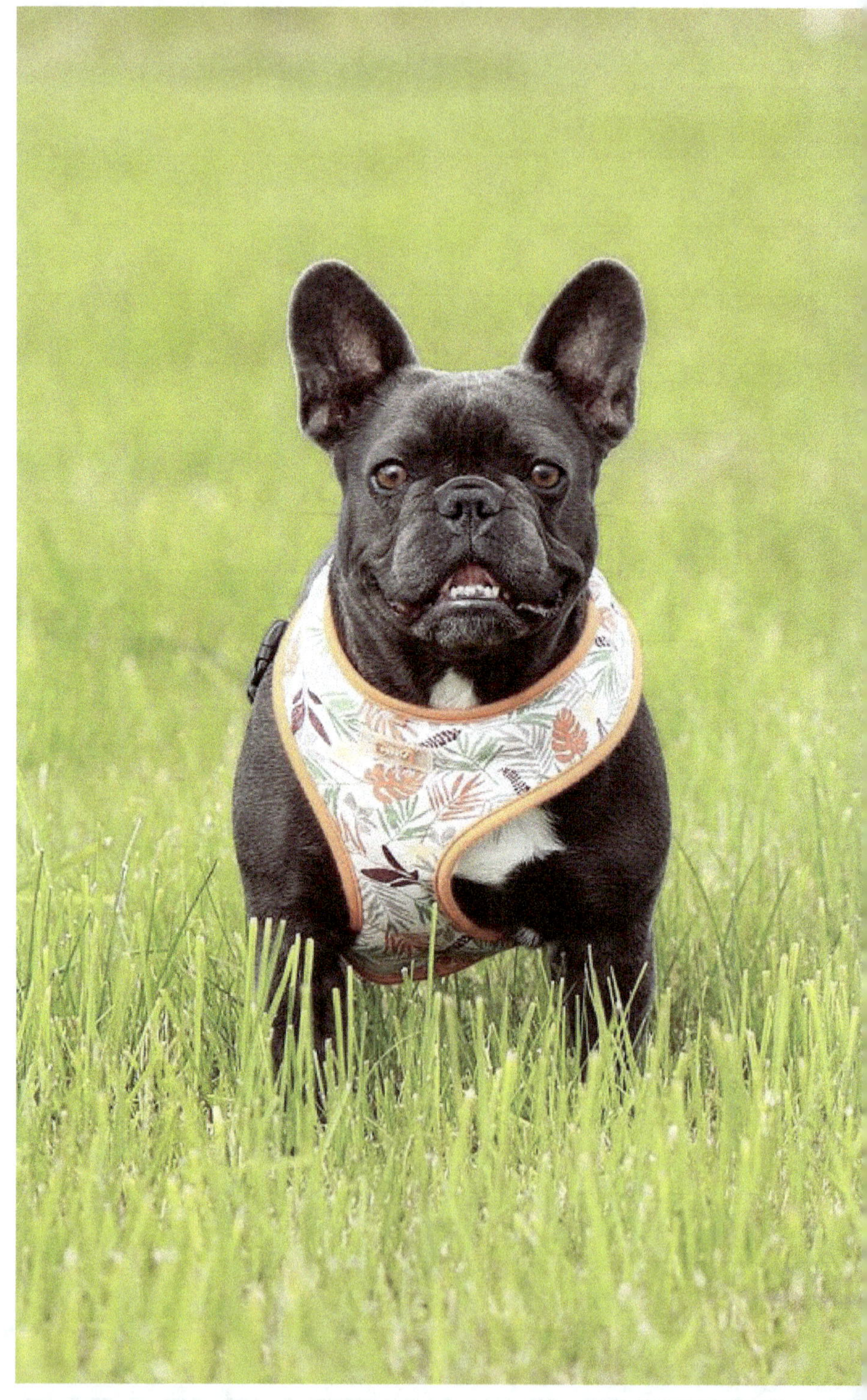

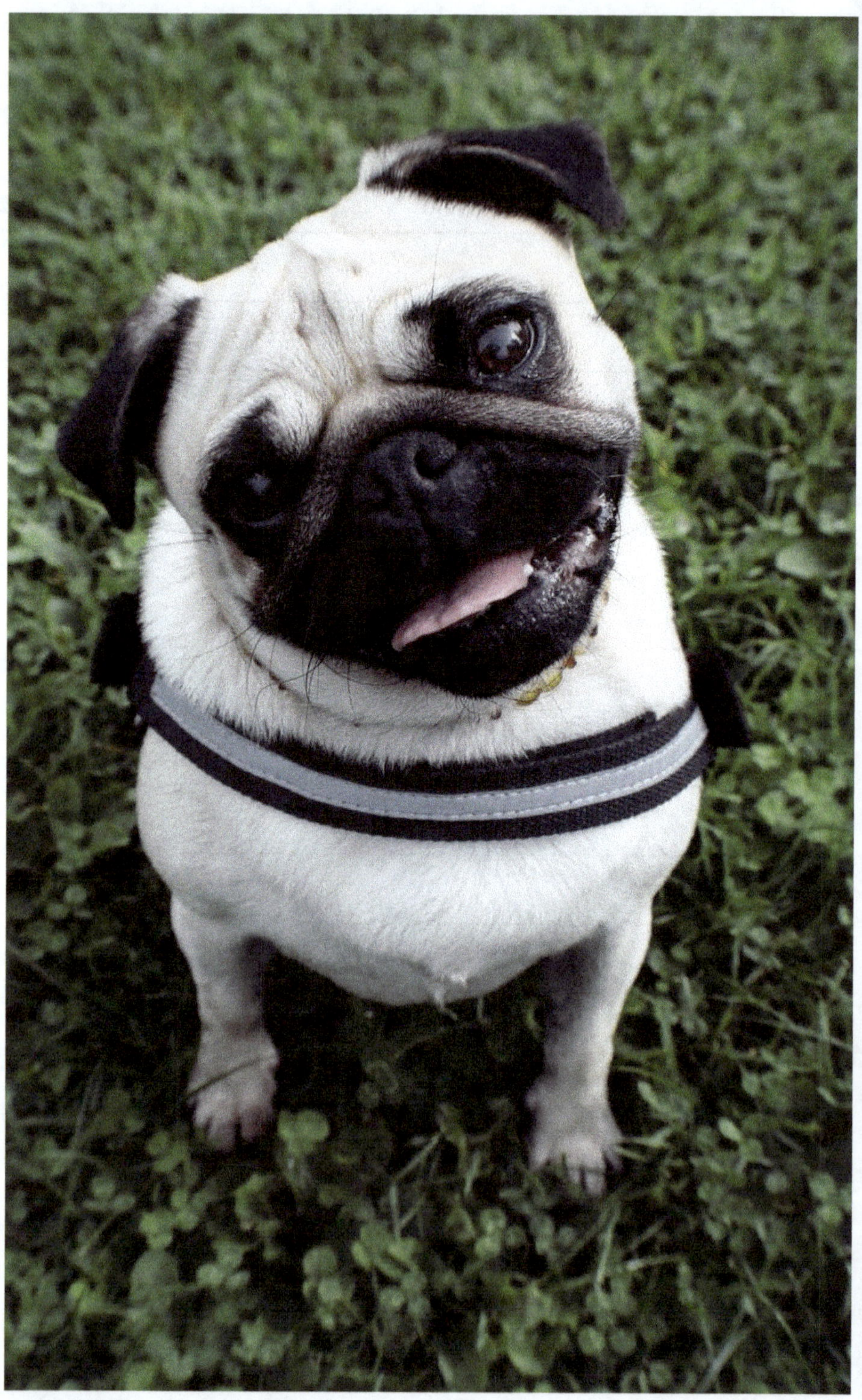

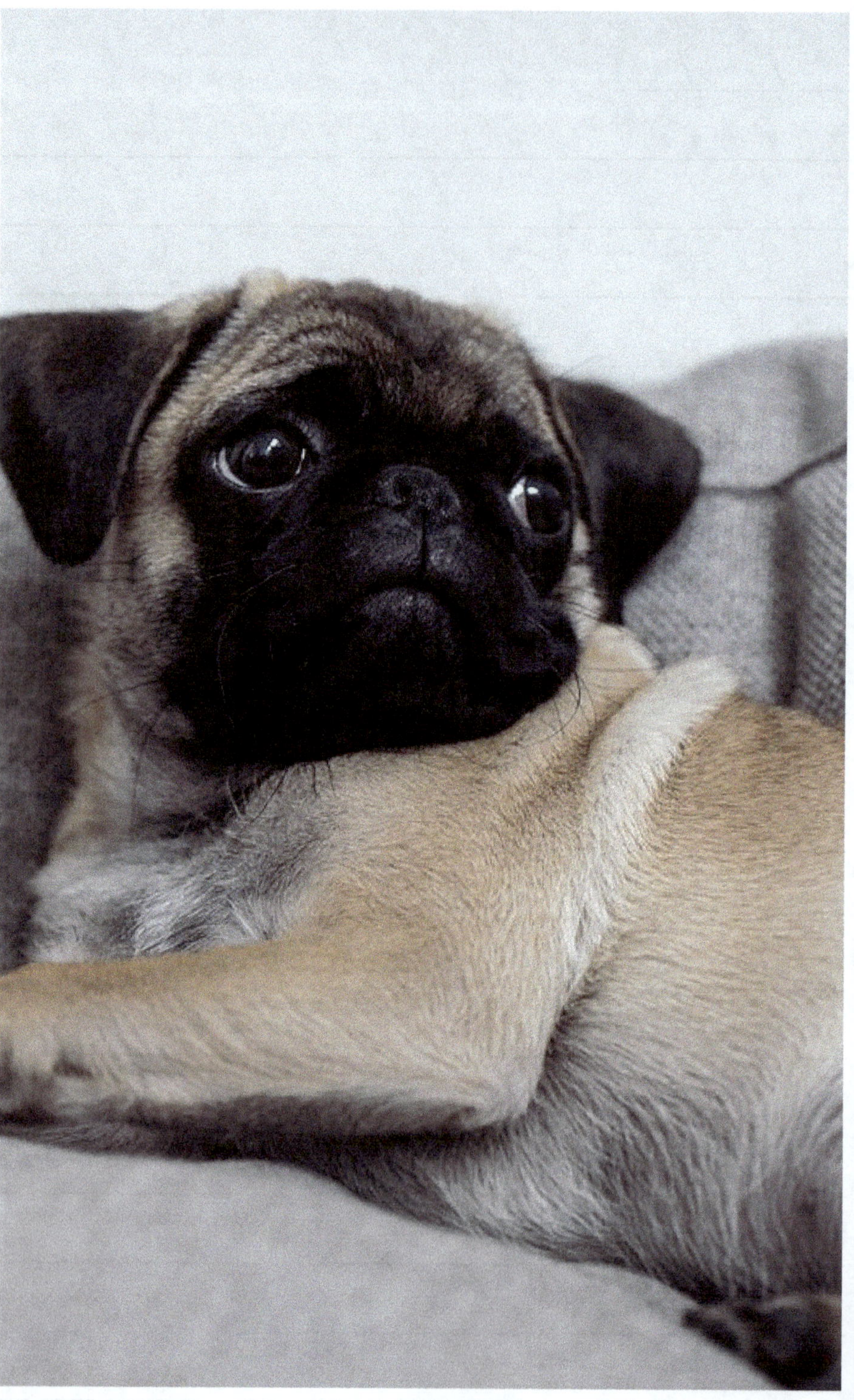

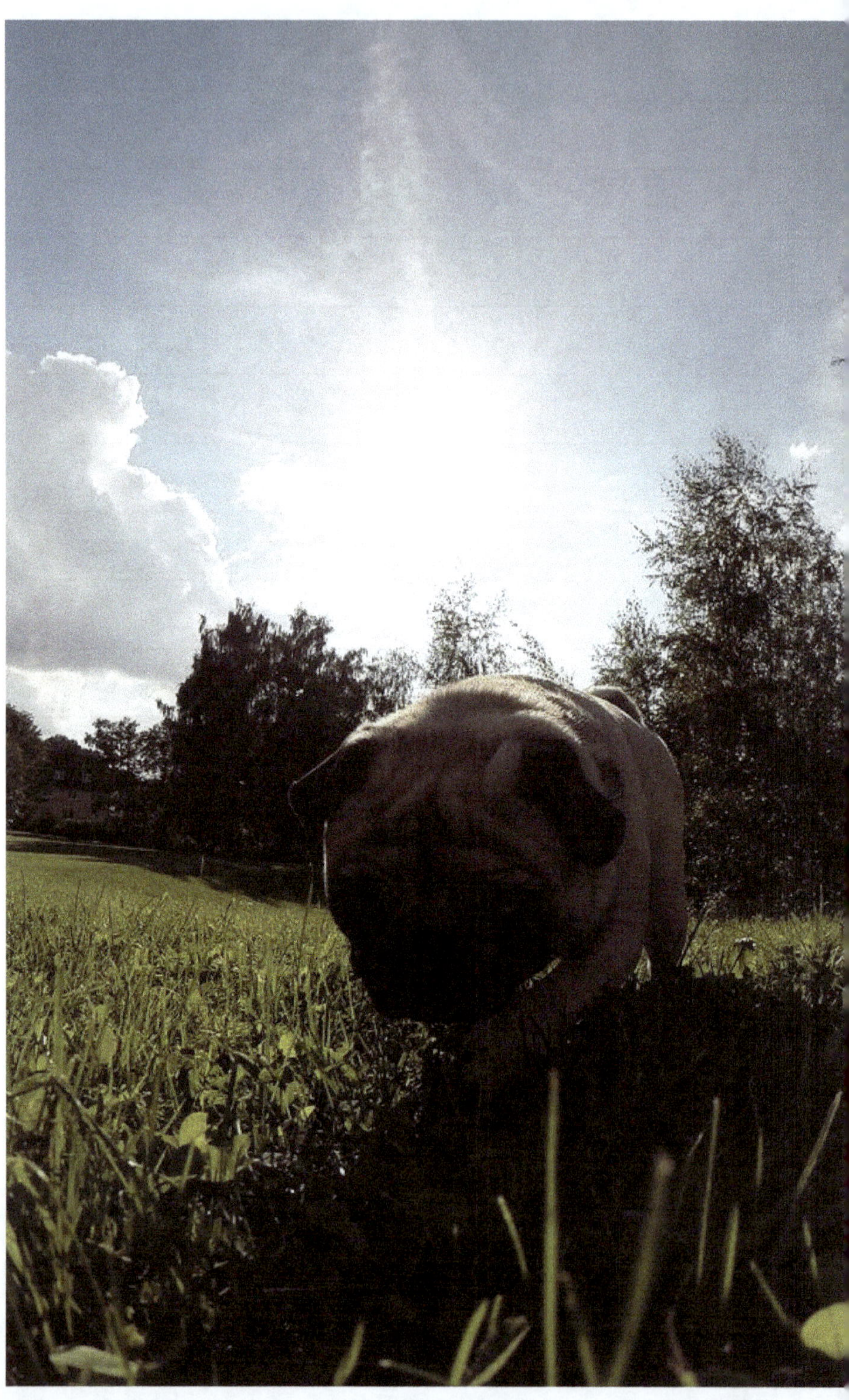

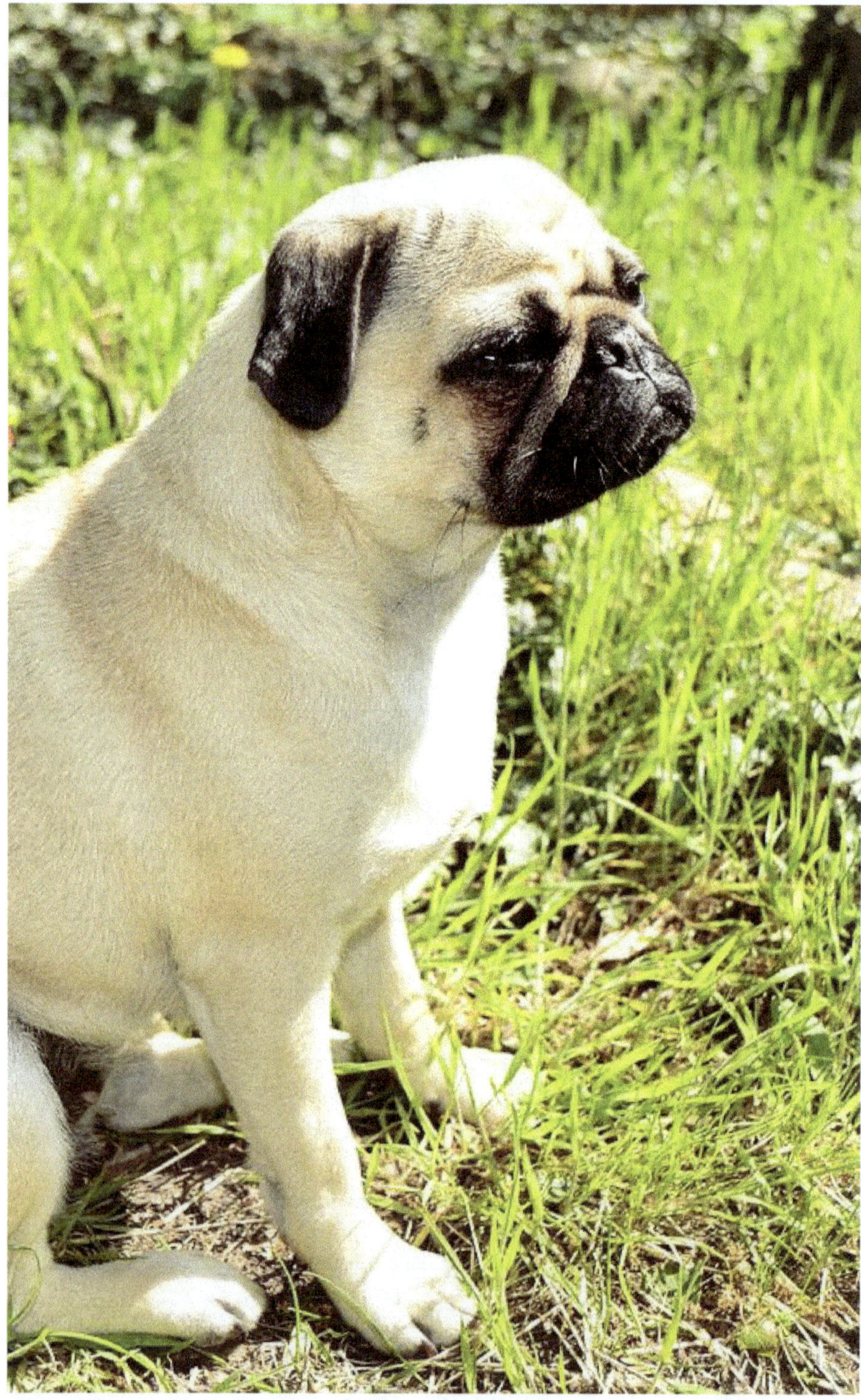

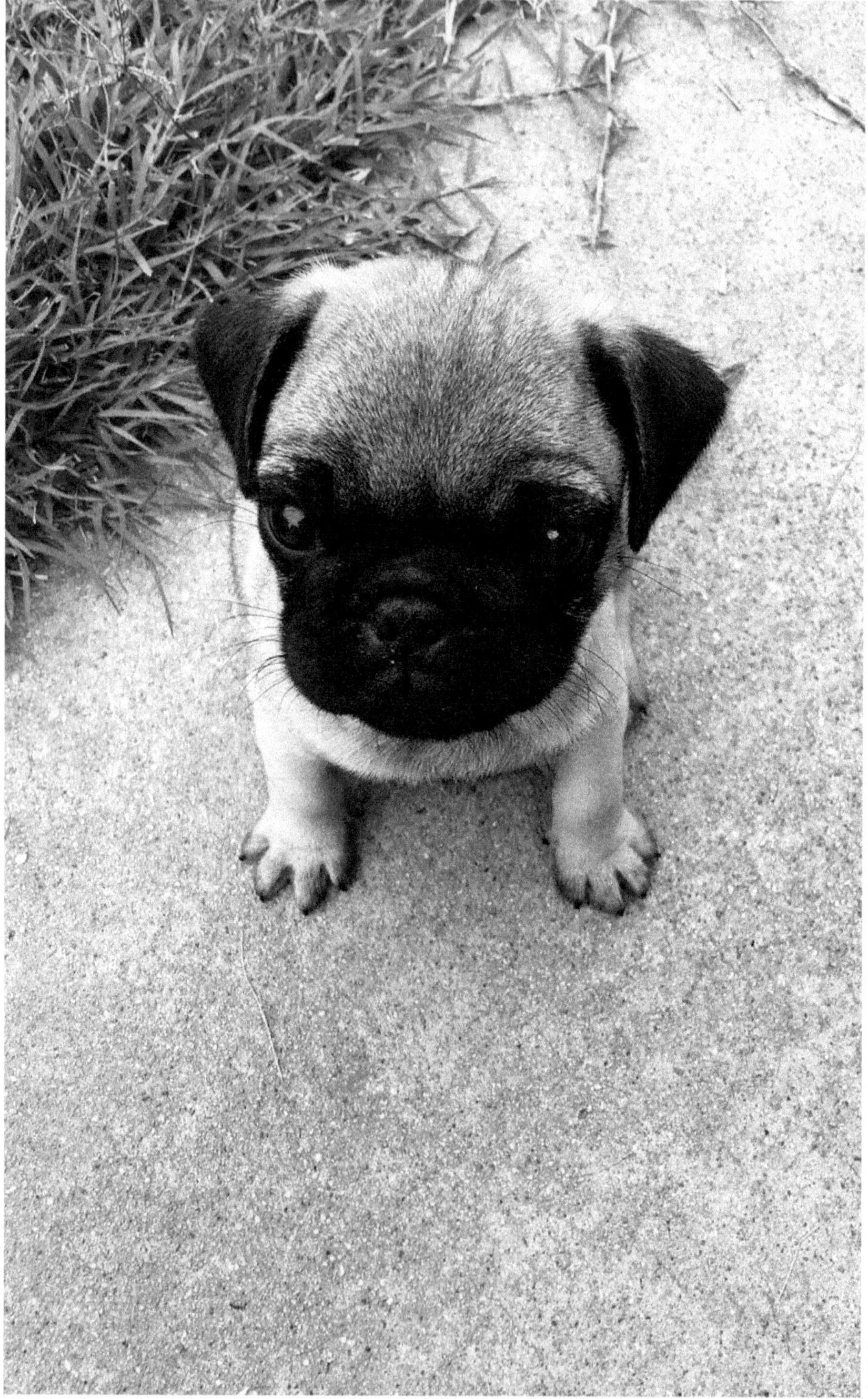

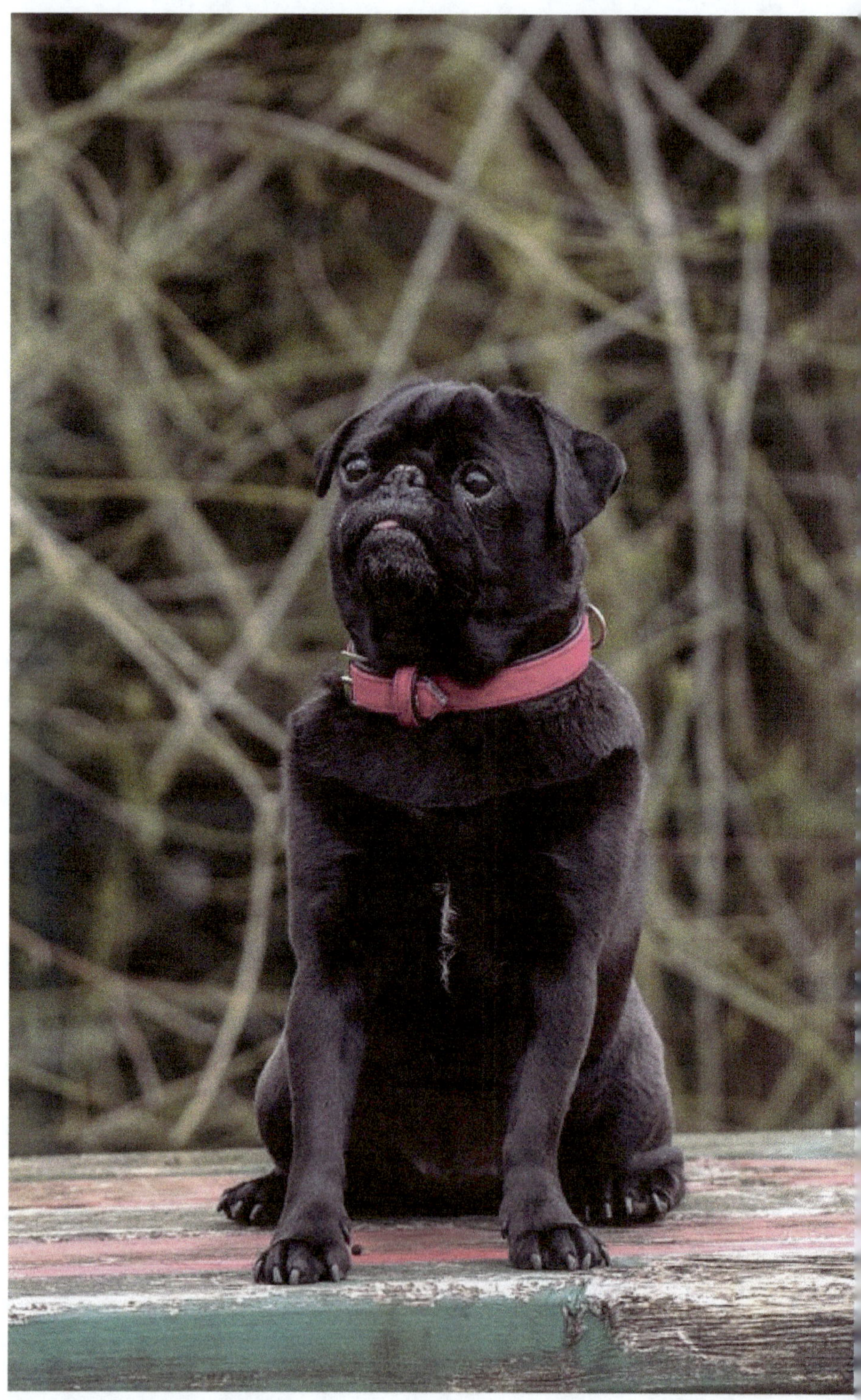

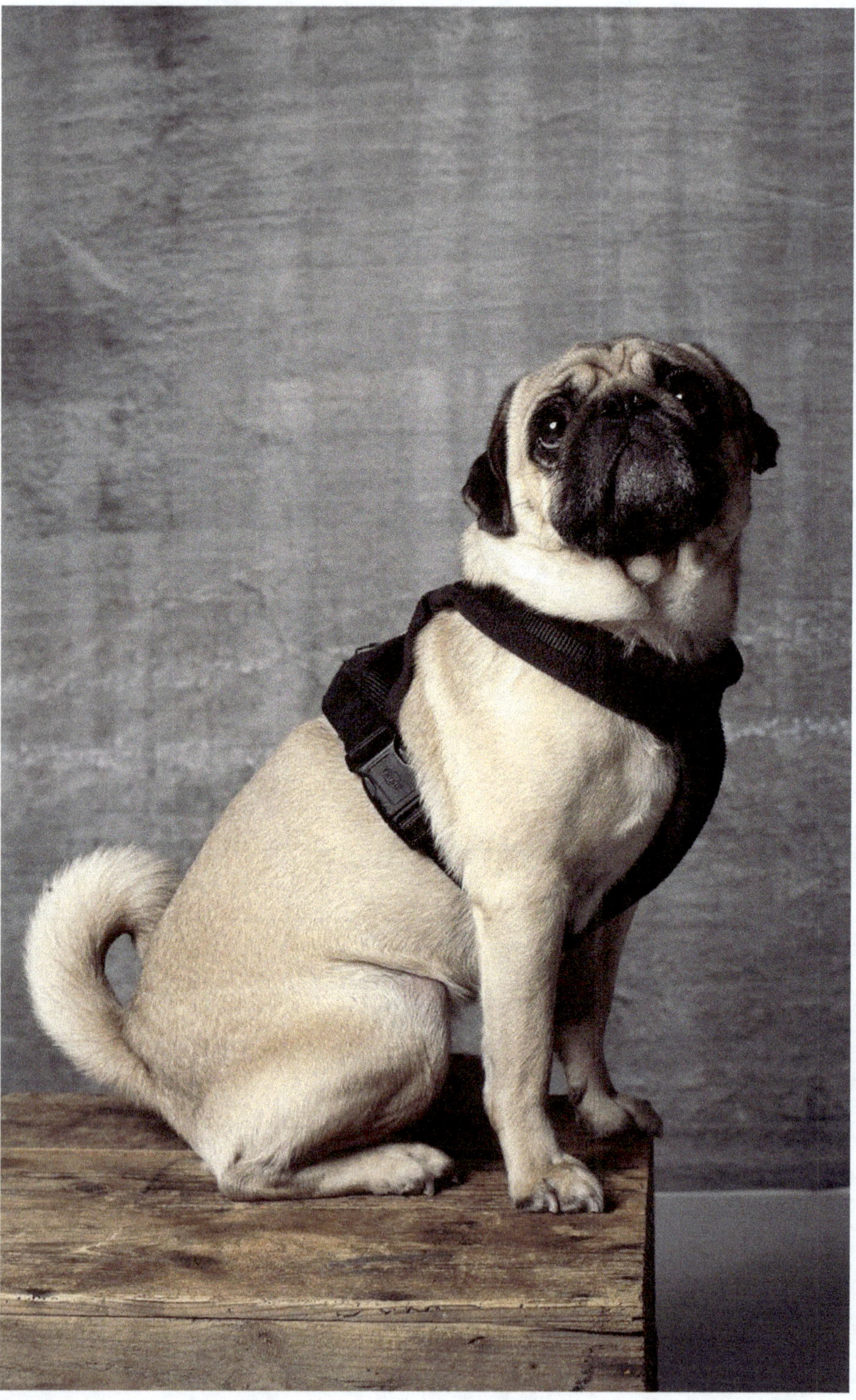

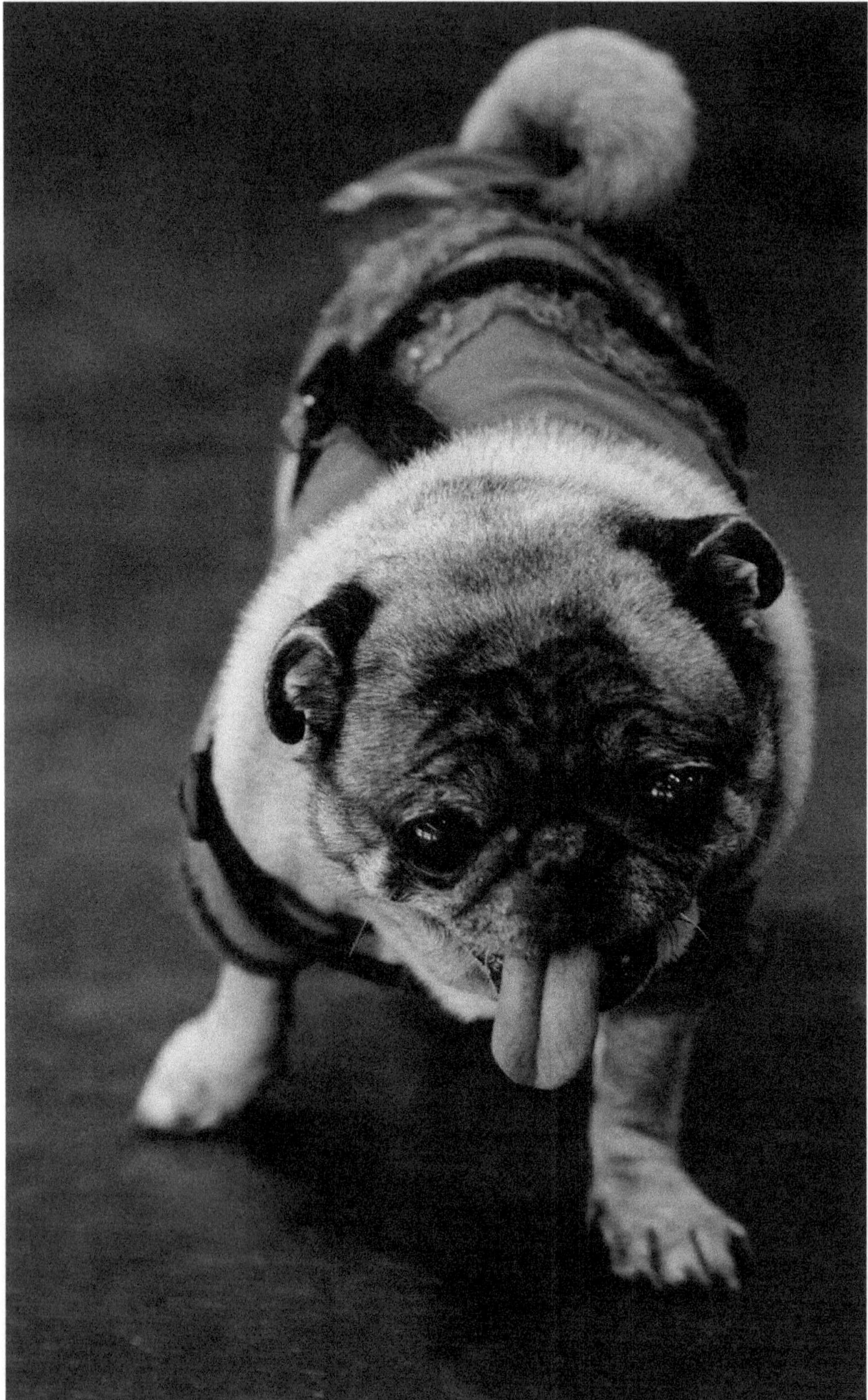

_____ / _____ / _____

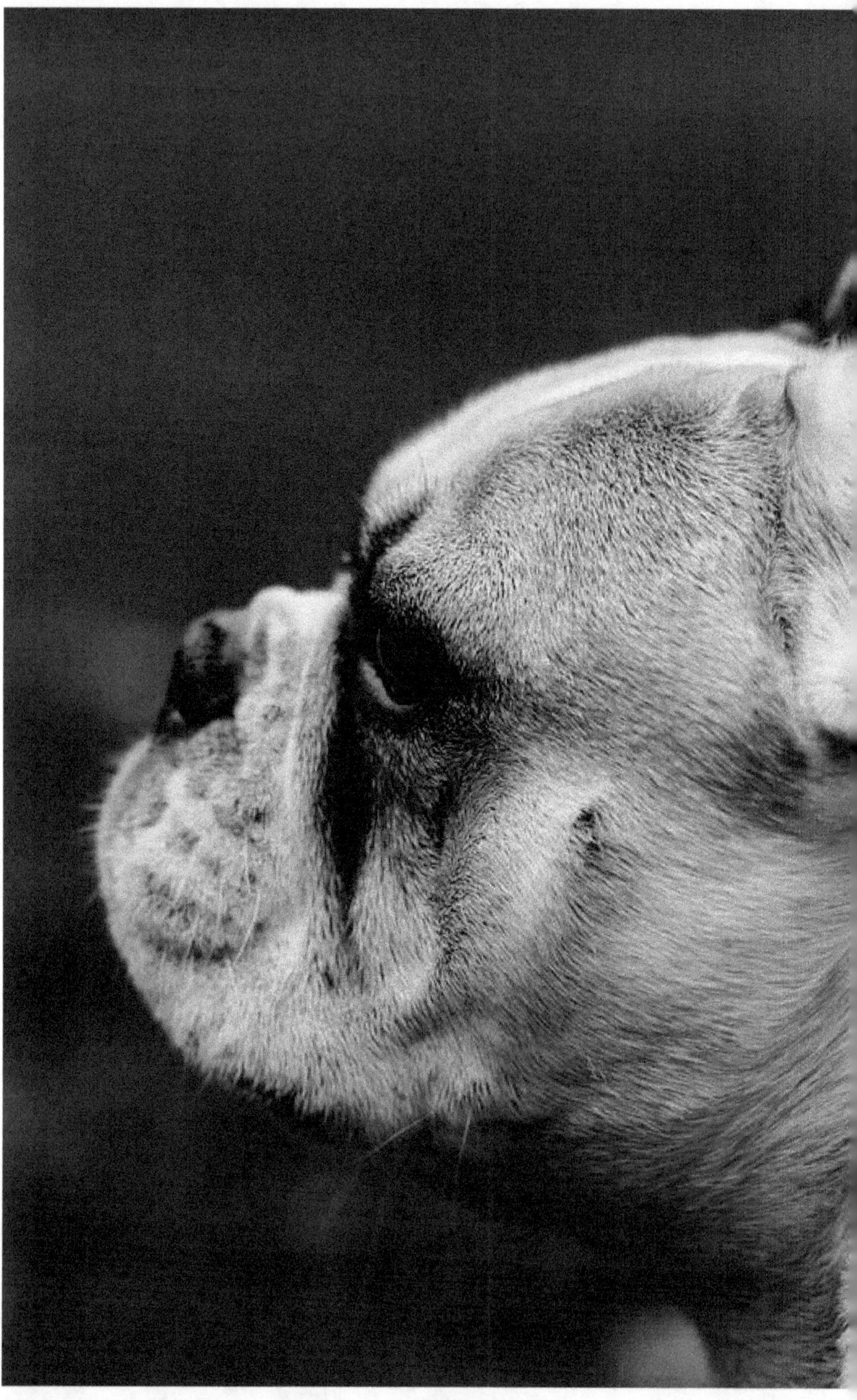

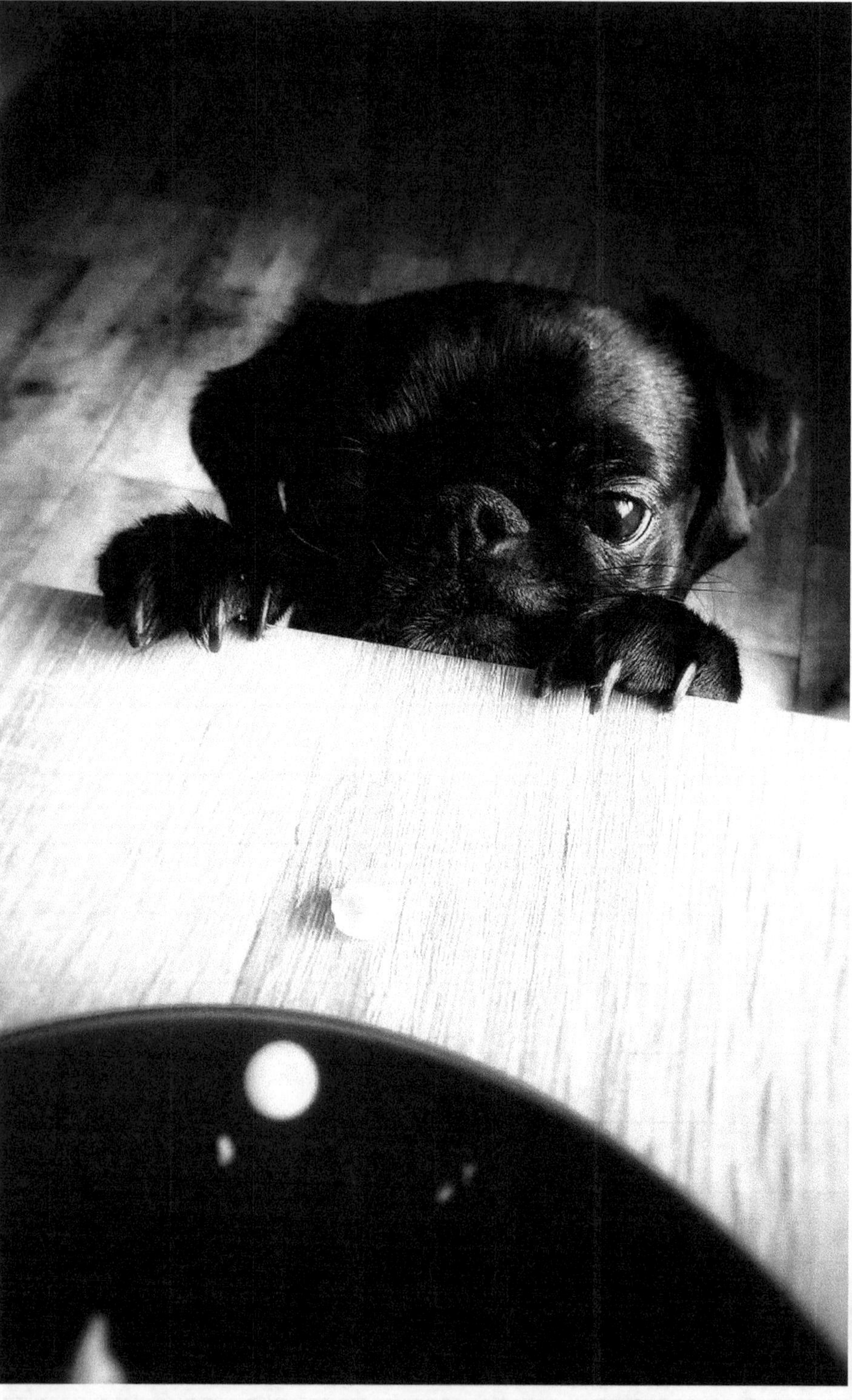

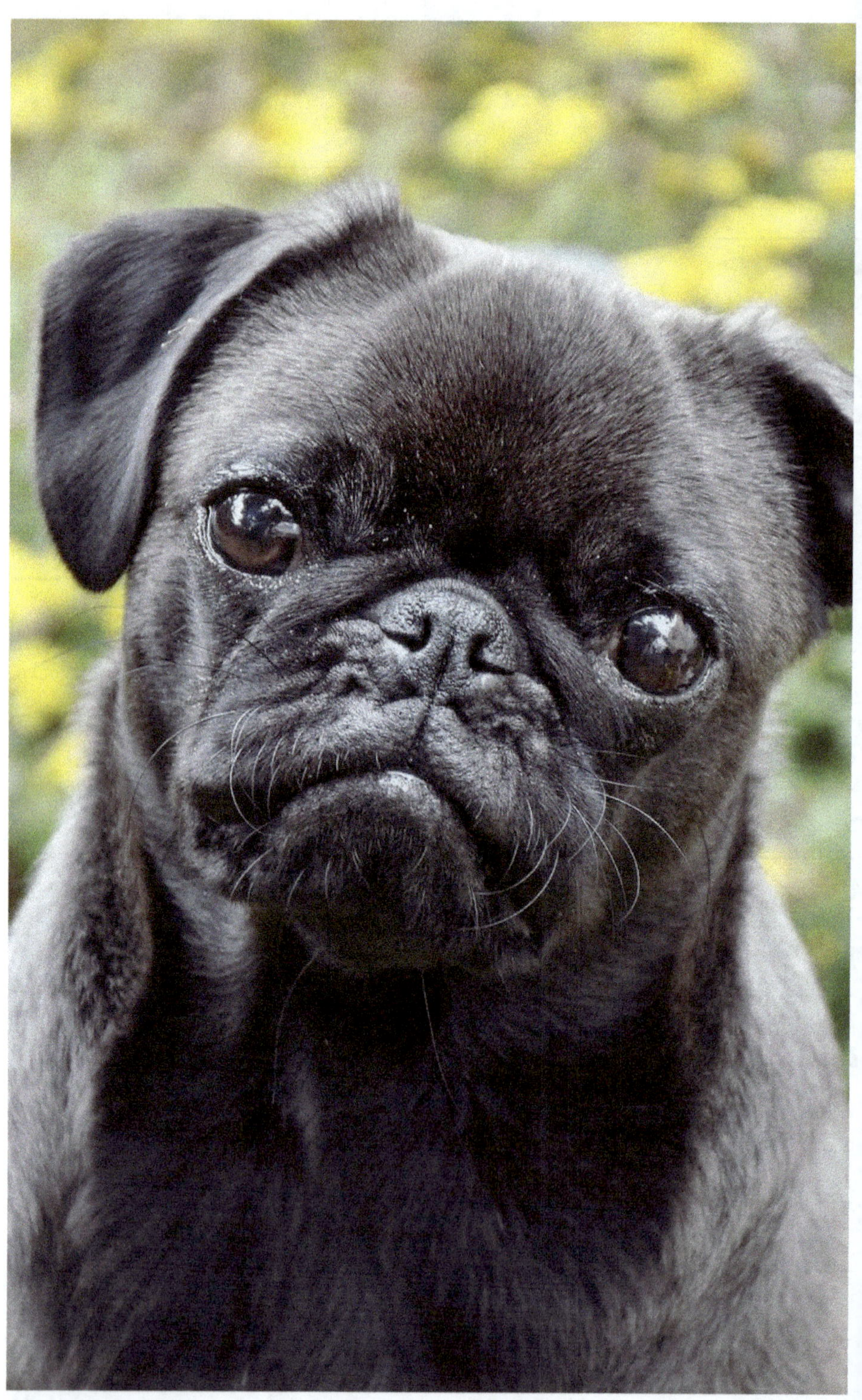

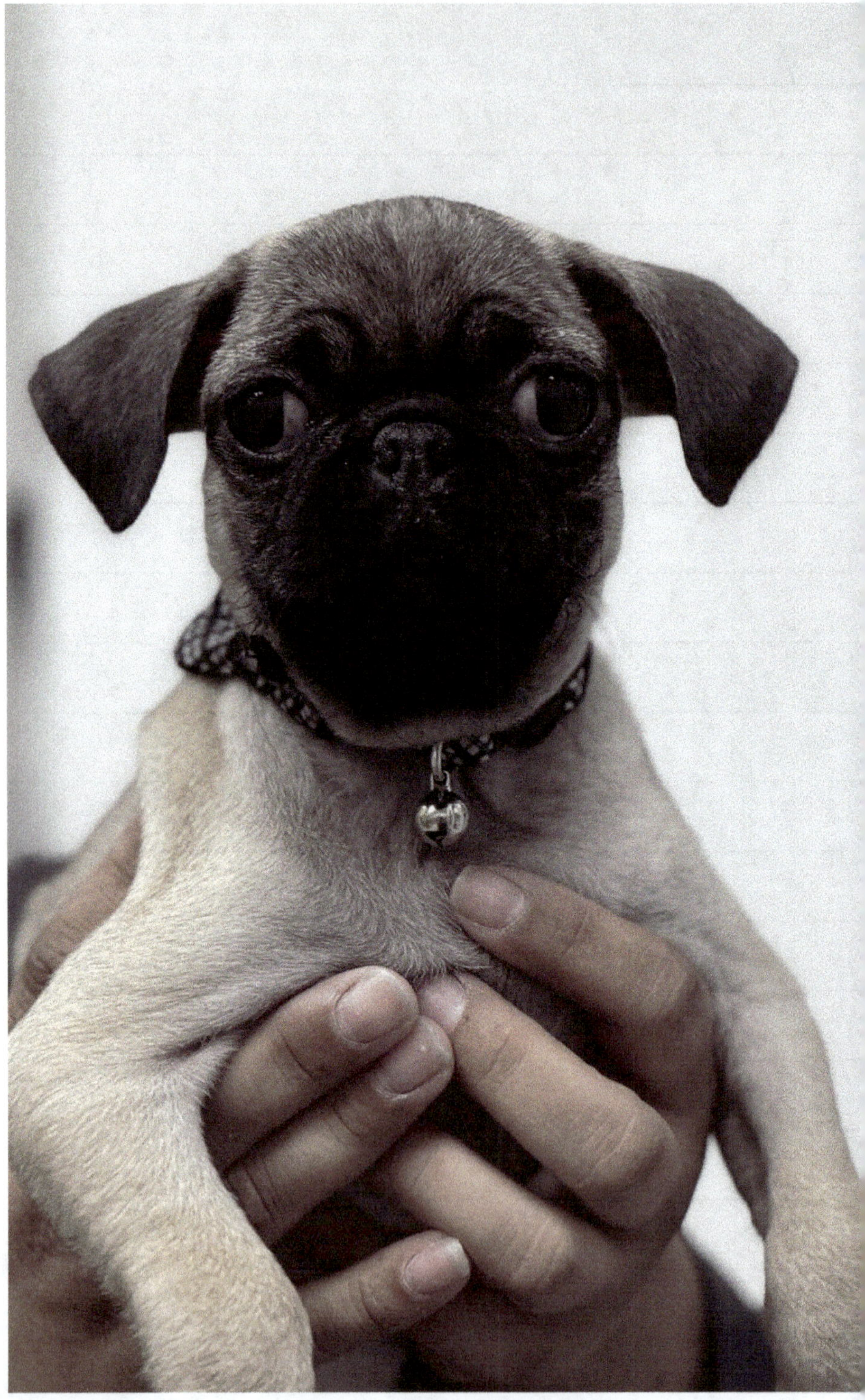

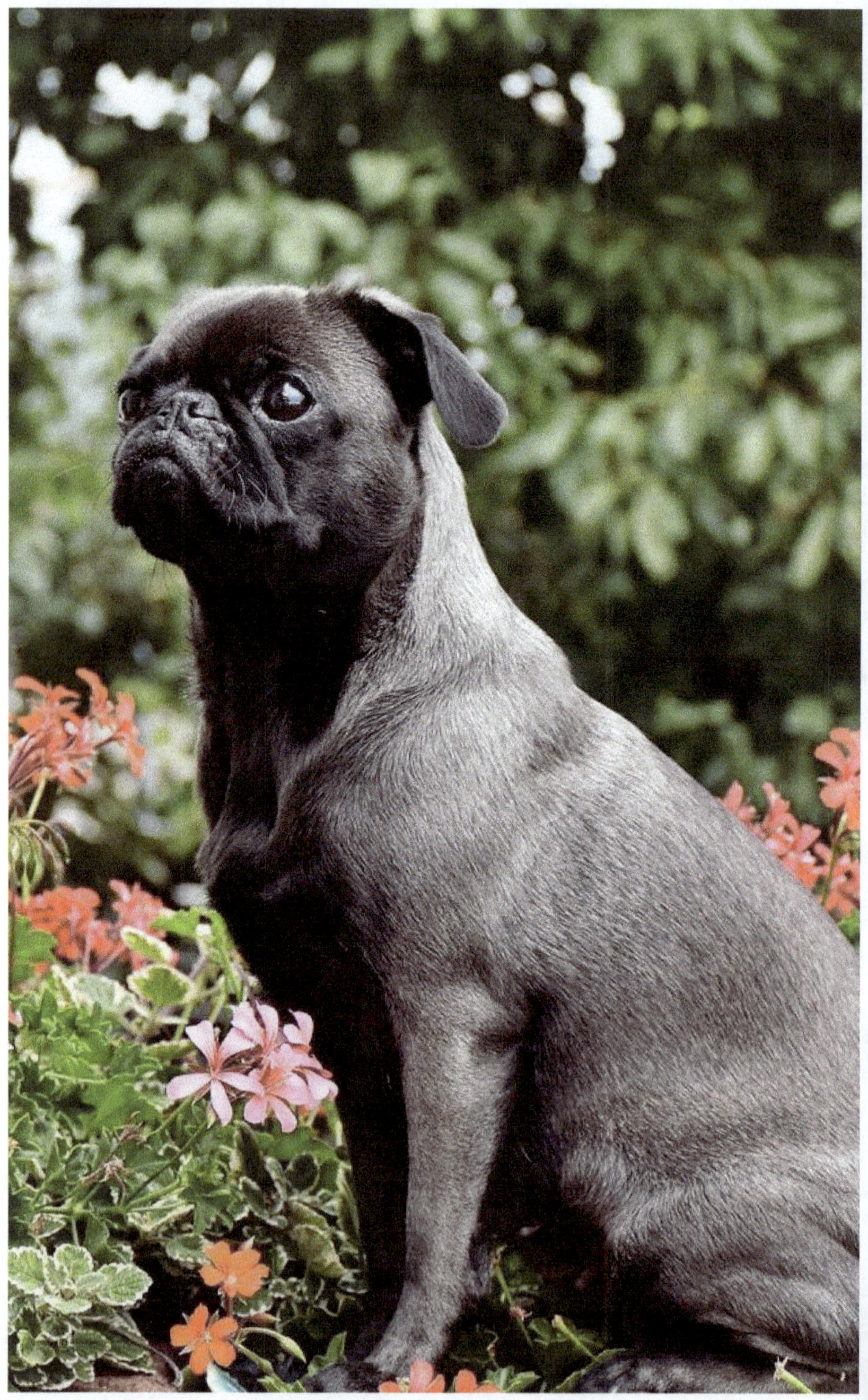

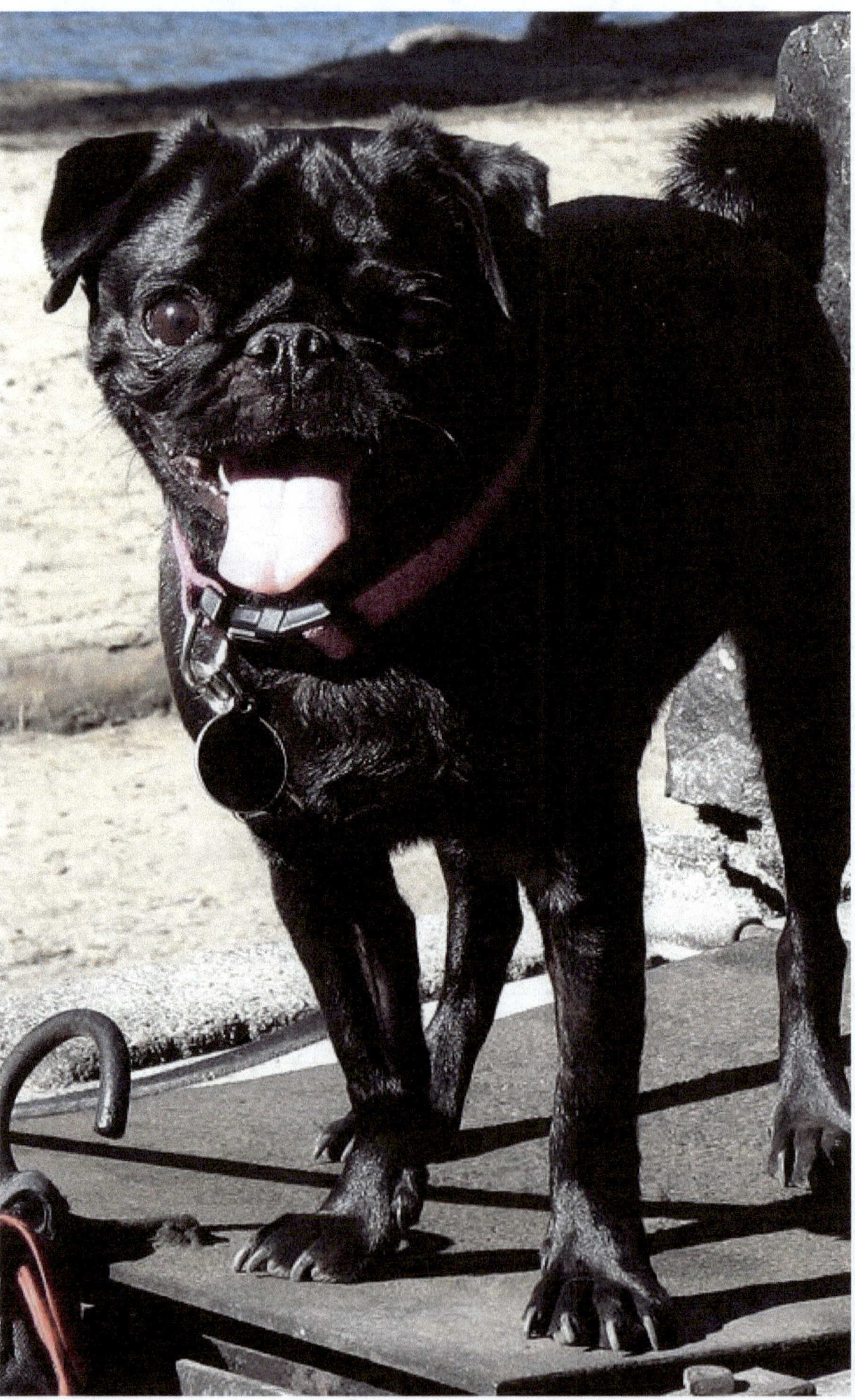

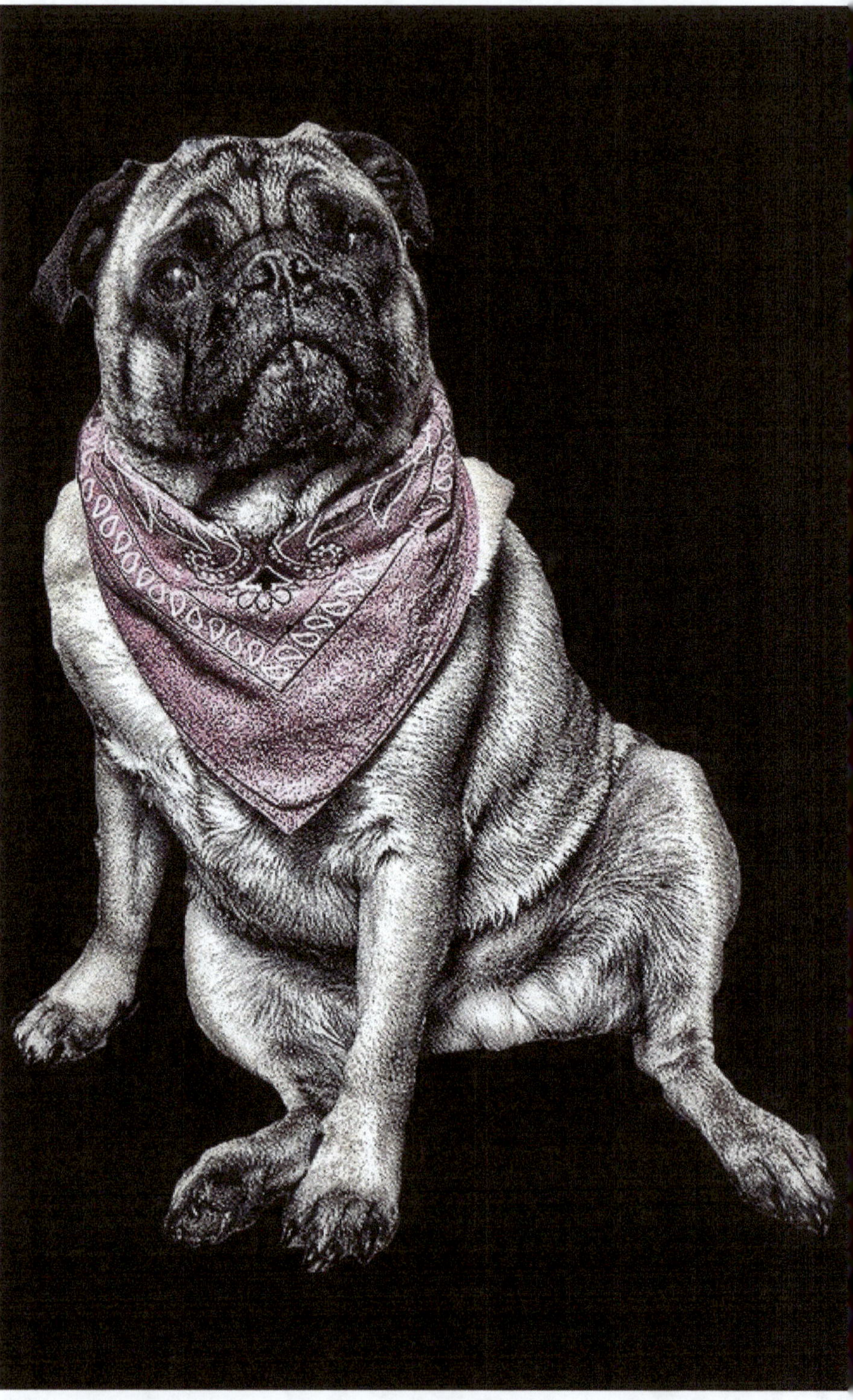

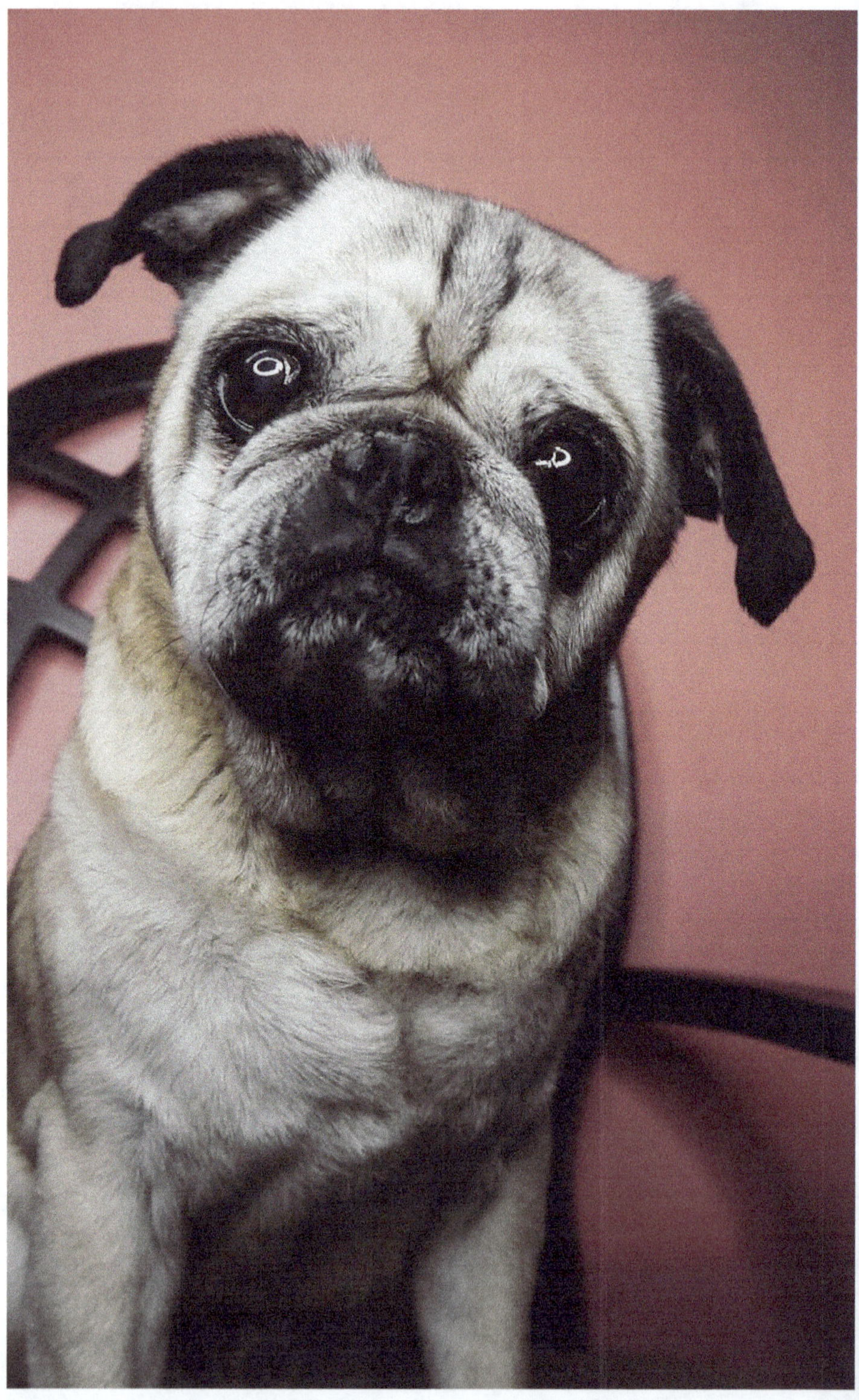

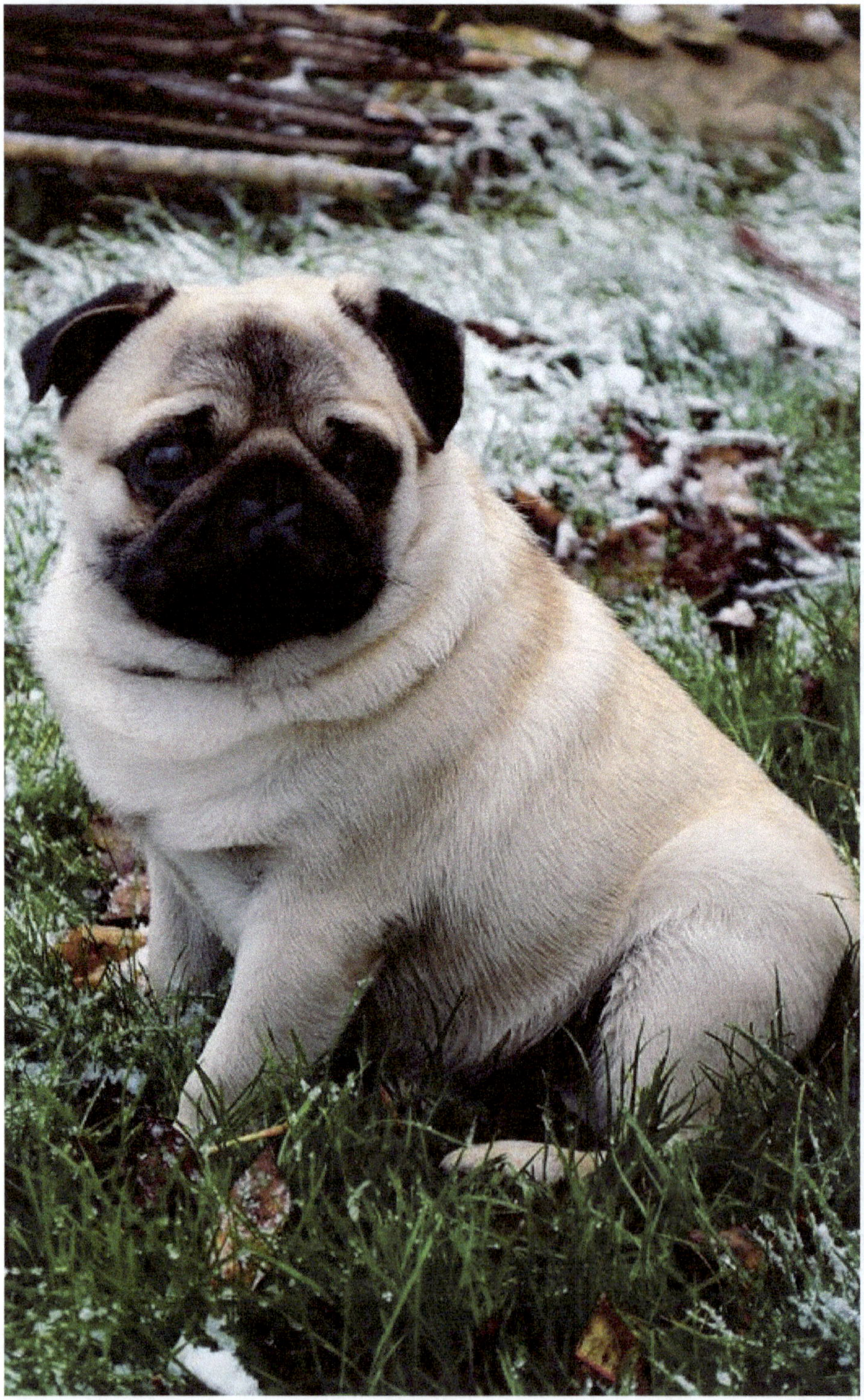

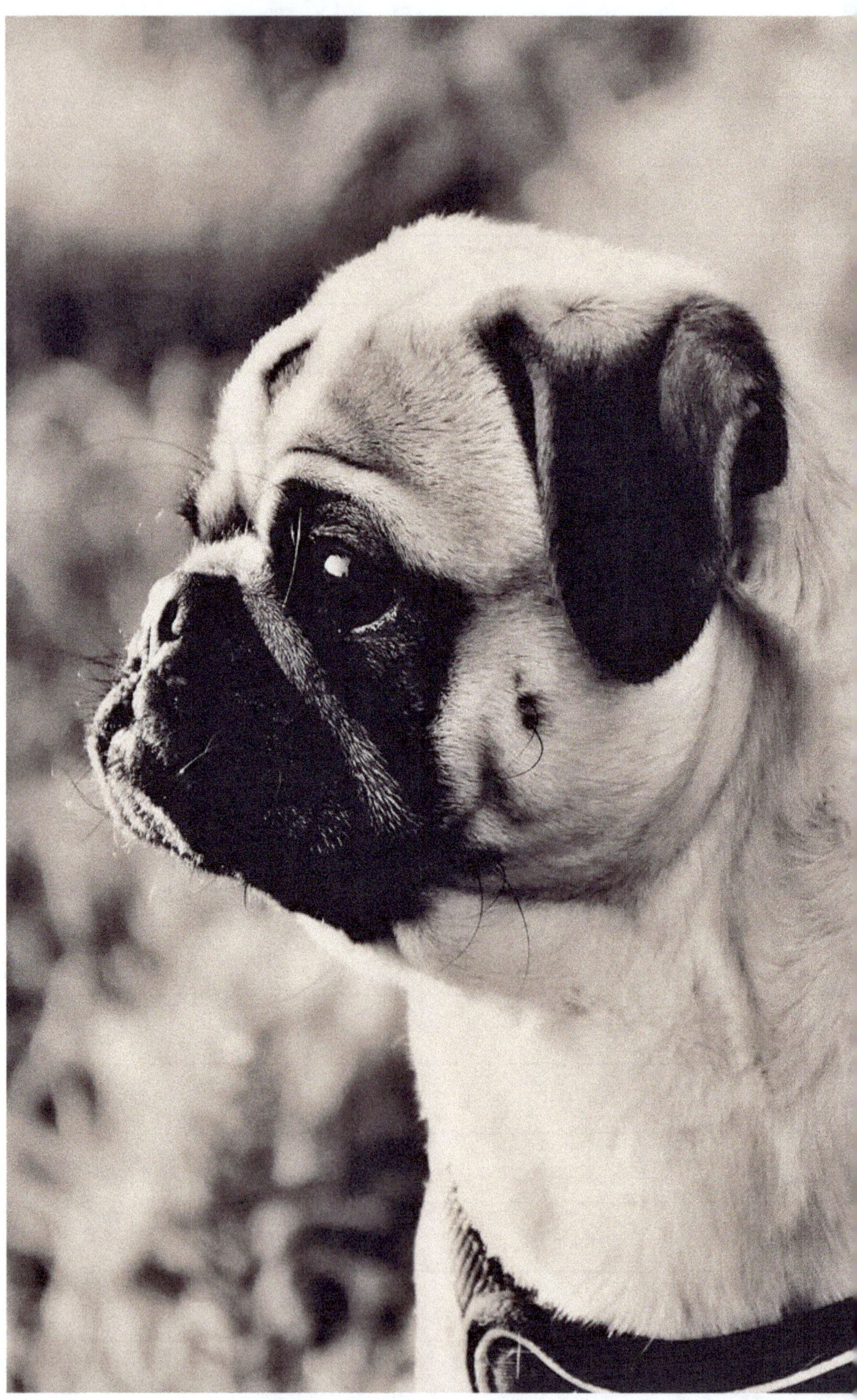

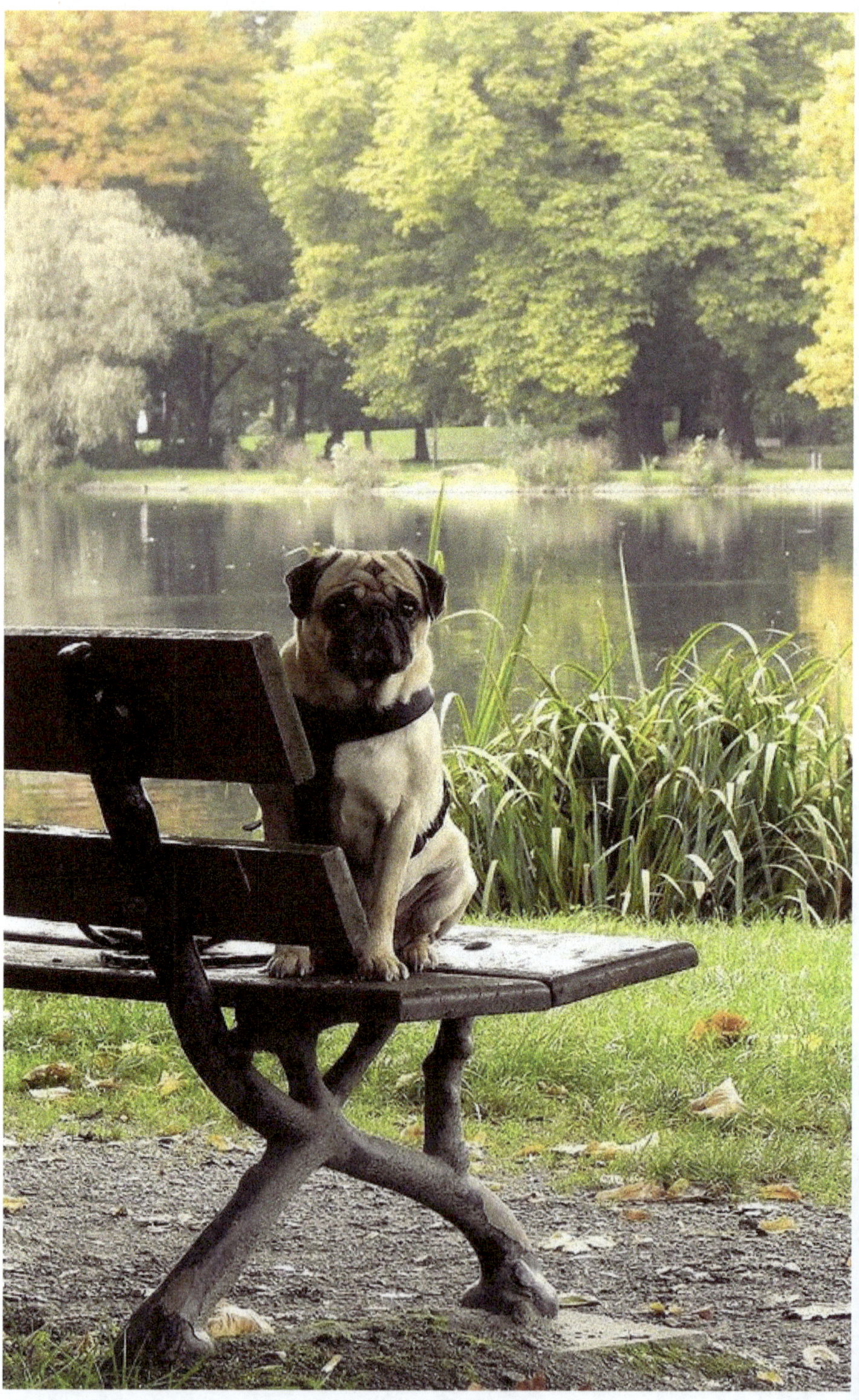

www.ingramcontent.com/pod-product-compliance
Lightning Source LLC
Chambersburg PA
CBHW051500050726
47593CB00005B/2158